E S S A I

S U R

L A T H É O R I E

DE L'ADMINISTRATION MILITAIRE.

DE L'IMPRIMERIE DE LARAN.

ESSAI

SUR LA THÉORIE

DE L'ADMINISTRATION MILITAIRE,

OU

DES PRINCIPES

DE L'ADMINISTRATION MILITAIRE

EN TEMPS DE PAIX ET EN TEMPS DE GUERRE.

PAR C. M. MORIN.

Errorem foveo. Nec ultrà
JUVÉNAL.

A PARIS.

Chez LARAN, libraire, au palais Egalité, galerie de bois, n°. 245.

AN VII.

A L'ARMÉE FRANÇAISE.

C'EST au milieu de vous, braves et généreux soutiens de mon pays et de sa liberté, que j'ai acquis les connaissances administratives, qu'avec du travail et de la méditation, j'ai osé réduire en principes. C'est votre ouvrage ; je vous le rends.

Qu'un nouveau Tacite veuille, en écrivant votre histoire, attacher à son nom et à ses écrits, une grande célébrité ; j'ambitionne un triomphe plus modeste, celui de vous être utile.

Si je répands quelques lumières sur l'administration militaire ; si je rappelle des principes oubliés ou méconnus ; si je contribue en quelque chose à l'amélioration de votre sort ; je trouverai là le prix de mes pénibles veilles.

C. M. MORIN.

AU DIRECTOIRE EXÉCUTIF

DE LA RÉPUBLIQUE FRANÇAISE.

Simple *citoyen, je n'ai aucun moyen direct de communiquer à l'armée, mon ouvrage sur l'administration militaire. Daignez, citoyens directeurs, vous les chefs suprêmes de cette armée, daignez agréer en son nom, l'hommage que j'ai l'honneur de vous en faire.*

Permettez-moi encore de saisir cette circonstance, de renouveler entre vos mains le serment de fidélité à la constitution de l'an 5 et d'attachement inviolable au gouvernement qu'elle a créé.

Salut et respect,

C. M. MORIN.

INTRODUCTION.

Plus l'administration militaire est compliquée, plus il est nécessaire d'en rechercher les principes; s'ils peuvent être posés, les conséquences en théorie et les résultats dans la pratique seront exacts.

On doit s'étonner que des hommes d'état, que des administrateurs vieillis dans le service, n'aient pas approfondi une matière aussi intéressante. Quelques-uns ont fait des traités (1), mais ils ne

---

(1) Le Munitionnaire des armées de France, par *Nodot.*

Le Traité général des subsistances militaires, par *Duprès d'Aulnay.*

L'École de Mars, par *Guignard.*

Le Dictionnaire militaire, par *Aubert de la Chenay.*

Les Détails militaires, par *Chennevières.*

L'Instruction du 28 nivôse an 2, et celle du premier ventôse an 5.

s'appliquent qu'à des objets de détails.
Ces écrivains n'ont parlé que de ce qui
était, et non pas de ce qui devait être. On
doit croire qu'ils voulaient plutôt réformer des abus qui n'avaient pu échapper
à leur pénétration et former des élèves,
que créer des administrateurs et développer la théorie du meilleur système administratif.

C'est à ce manque de système qu'on
doit attribuer l'instabilité de l'administration militaire : jamais on n'en a étudié
l'ensemble ; jamais on ne l'a présenté à
la méditation des administrateurs. Chacun d'eux, entraîné par ses opérations
particulières, et ne fixant son attention
que sur la partie qu'il cultivait, restait
étranger aux autres. Si l'on créait de
nouvelles institutions, elles pouvaient
être bonnes ; si l'on opérait des changemens, ils pouvaient être nécessaires ;
mais généralement ils ne coïncidaient
pas avec l'ensemble de l'administration,

ou bien, comme on n'en avait pas démontré les rapports, ils échappaient à l'administrateur qui, arrivant avec des vues nouvelles, portait la réforme partout. Ces réformes présentaient les mêmes inconvéniens, et l'on tournait ainsi dans une sorte de cercle vicieux.

Cependant le temps qui redresse bien des torts, et l'habitude qui devient quelquefois notre régulateur, avaient donné, sous l'ancien gouvernement, une assiette assez fixe et une marche assez prononcée à l'administration militaire. Il était impossible qu'elle sortit de cet état précaire encore, parce que la confusion des pouvoirs, le défaut d'unité dans les administrations locales et des intérêts puissans l'y retenaient.

Ces obstacles levés par la révolution, il paraissait que l'administration militaire allait marcher rapidement à sa perfection. Mais on est sorti des routes frayées par l'expérience, et au lieu d'achever ce qui se trouvait heureusement commencé, on a tout détruit. La solde a été détachée du matériel de l'administration; toutes les fournitures, tous les services ont été mis en régie; on a négligé de faire rendre des comptes, et on a oublié, je crois, jusqu'au mot *liquidation*. Les plaies profondes que cette insouciance coupable et ces innovations inconsidérées ont faites aux finances de la république, sont encore sensibles. Ces temps ont vu naître ces administrateurs, régisseurs, qui, instruits à l'école du désordre, si on peut s'exprimer ainsi, comme on devrait l'être à celle de l'ordre, colportent par-tout leurs fausses connaissances, font survivre le désordre de ces temps, à lui-même, et cherchent à l'inoculer dans toutes les branches de l'administration.

Plus récemment on est revenu à des idées saines, mais on a agi sans plan et sans méthode. On n'a pas soumis les marchés à un mode invariable, sûr par les formes et avantageux dans ses résultats. La volonté des ministres, celle de leurs principaux commis, quelquefois des volontés plus éloignées ont jeté des poids dans la balance, et ont fait obtenir ce qui ne doit jamais se *donner*, mais être *accepté* ou *adjugé*. On défait aujourd'hui ce qui existait hier pour le rétablir demain, et les marchés, en même temps qu'ils prennent toutes les formes qu'on veut leur donner, facilitent des malversations ruineuses pour le trésor public.

Pour remédier à ces abus, le directoire vient d'ordonner que tous les marchés seraient adjugés publiquement et au rabais (1). C'est une mesure générale, et par-là même ce n'est pas un système. L'administration reste donc dans le même état, c'est-à-dire composée de pièces de rapports. On hésite toujours sur chaque service; la comptabilité ne reposant sur

_____

(1) Arrêté du directoire, du 8 fructidor an 6.

aucune règle, est dans le plus extrême désordre; enfin cette masse qu'on appelle l'armée, composée d'élémens hétérogènes qui, sous l'autorité du gouvernement et sous la garantie imprescriptible de la justice, doivent se balancer mutuellement et marcher à leurs fins sans se heurter; cette masse, dis-je, attend une organisation qui en lie toutes les parties entr'elles.

Ainsi, jusqu'à ce jour, on n'a pas réduit l'administration militaire en système. Cependant les axiômes appartiennent à l'évidence, et cette administration ayant les siens, ils devaient être de tous les temps et de tous les hommes.

Ce sont ces axiômes et les principes qui en découlent, que j'entreprends de développer.

Vous qui lirez cet ouvrage, ne craignez pas que censurant sans choix et brisant tout ce qui a été créé jusqu'à ce jour, j'appelle une réforme irréfléchie et générale ; ma main n'est point armée *d'une serpe,instrument de dommage* (1). Je cherche seulement à assujettir à des règles précises tout ce qui est laissé à l'arbitraire, à donner un appui à nos institutions quand elles sont faibles, et à achever leur organisation lorsqu'elle n'est qu'ébauchée.

Vous aussi qui, au milieu des décombres ne vous repaissez pas de la perspective séduisante, mais souvent trompeuse de la réédification, suivez-moi, je ne détruis rien. N'espérez pas cependant parcourir une série de théories brillantes ; ces conceptions sont le produit d'un esprit plus ingénieux que solide et d'un littérateur plus que d'un homme d'état. Je ne veux être que clair, précis et méthodique ; tel doit être le caractère de cet ouvrage.

Je n'ai pas l'espérance présomptueuse

_____

(1) La Fontaine.

de remplir mon sujet ; cette tâche n'appartient qu'à de nouvelles recherches et à de nouvelles méditations. Mais je crois ne pas travailler inutilement en préparant des matériaux à des administrateurs plus éclairés que moi, et en leur offrant pour la première fois un cadre que, sans doute, ils rempliront un jour.

E S S A I

SUR LA THÉORIE

DE L'ADMINISTRATION MILITAIRE.

LIVRE PREMIER.

De l'Administration Militaire et de ses différens systêmes.

CHAPITRE PREMIER.

De l'Administration Militaire.

L'ADMINISTRATION est, dans la constitution physique des armées, ce qu'est la discipline dans leur constitution morale. L'une doit les préserver des besoins, et l'autre y maintenir l'ordre et la subordination.

L'idée de l'administration renferme celle de

l'ordre, de l'économie, de l'abondance et de la célérité des mouvemens. Avec une administration vicieuse, les armées marchent à leur dissolution; sans administration, on ne conçoit pas la possibilité de former et d'entretenir des armées.

Ces vérités élémentaires devaient être facilement saisies; mais dans l'application il ne fallait pas les abandonner à la versatilité des opinions et à la direction que l'intérêt personnel pouvait leur donner. Quels n'ont pas été les résultats de cet abandon! Combien d'armées ont été perdues, ou n'ont été sauvées que par le hasard! Que de fois n'ont-elles pas été arrêtées au milieu de leurs marches victorieuses! Que de places ont été rendues, parce que les approvisionnemens sur lesquels on comptait, ont manqué! Enfin, combien de plans combinés dans le silence du cabinet, ont été réduits à des rêves héroïques (1)!

Dans nos dernières campagnes, lorsque douze armées offensives demandaient chacune des moyens immenses, et que des hommes de

---

(1) Il étoit inutile de rappeler des exemples pour appuyer ces assertions; l'histoire abonde en faits de cette espèce.

toute espèce furent transformés en administrateurs, la victoire fut souvent enchaînée par
la pénurie, et plus encore par les fautes qu'ils
firent. Le stoïcisme du soldat fut le seul remède à des maux qui eussent été irréparables
pour d'autres hommes que des Français.

La formation d'une armée ayant pour objet
de conserver l'intégrité du territoire, le commerce, les arts et la constitution d'un état,
d'en imposer à des voisins inquiets et jaloux,
ou de se défendre d'ennemis audacieux ou
puissans, un gouvernement vigilant présentera
toujours un appareil de guerre qui le fasse
respecter au-dehors. S'il est prévoyant, il aura
toujours de grands approvisionnemens en réserve; s'il est sage, il persévérera dans les
plans qu'il aura adoptés; enfin, il dirigera personnellement la partie administrative; car il est
telles fautes en ce genre, qui, aux yeux de
l'observateur, seraient évidemment les causes
d'événemens désastreux, lorsqu'elles échapperaient au commun des hommes.

Le gouvernement n'aurait encore rien fait,
si les généraux ne veillent avec soin sur les
approvisionnemens destinés aux armées qui
leur sont confiées. Ils ne perdront jamais de
vue que l'ennemi fera tous ses efforts pour les

enlever, soit par ruse, soit de vive force. Une
sécurité trompeuse pourrait changer leurs lau-
riers en cyprès, et faire succéder les défaites
aux victoires. Je ne peux me refuser à en présenter deux exemples qui sont en même temps
deux époques mémorables des revers et des
triomphes des armées françaises. Le premier
est l'enlèvement fait, en 1675, par Montécuculi,
d'un convoi de pain qui sortait de Virtzbourg,
destiné à l'armée que commandait Turenne.
Dans l'impossibilité de la nourrir dans le cœur
de l'Allemagne, ce général fit un mouvement
pour se porter à Philisbourg, ce qui permit
à Montécuculi de marcher au Bas - Rhin et
de faire sa jonction aux Hollandais et aux
Espagnols, avant l'arrivée de Turenne. Le second est la célèbre bataille de Denain, gagnée
sur les alliés par le maréchal de Villars; la
levée du siége de Landreci et la retraite des
ennemis furent la suite de leur défaite, et bien
plus encore, de la perte de tous leurs magasins
placés à Marchiennes, qui tombèrent en notre
pouvoir. Mais je laisse aux généraux le soin
de ces combinaisons savantes, et je reviens à
un sujet plus simple et cependant aussi utile.

Une armée doit marcher, séjourner, camper, faire retraite, se diviser, prendre des

quartiers d'hiver; tous les services doivent se plier à ces mouvemens. Si elle est forcée de les subordonner aux services, on ne peut pas exécuter le projet qu'on avait formé, et souvent l'armée se trouve près de sa perte.

Subsistances, habillement, hôpitaux, transports, organisation interne et externe de tous les services, tel est l'ensemble qu'il faut embrasser pour seconder les opérations militaires. L'administrateur marche à côté du général ; il est le ressort qu'il faut mouvoir avant d'en toucher aucun autre (1). Sa science ne consiste pas dans la froide pratique de quelques détails ; il doit prévoir les événemens, parer aux accidens, diriger, combiner et créer des ressources. S'il n'a pas le génie pour concevoir et la sagesse pour exécuter, ii sera au-dessous de ses importantes fonctions.

Telle est enfin l'administration dans l'armée, qu'on peut la comparer à l'ombre qui suit le corps ; ou pour s'expliquer plus fortement, elle doit être identifiée avec elle. Si donc,

---

(1) Le maréchal de Turenne ne dédaigna pas de consulter quelquefois, sur ses opérations militaires, l'administrateur Jacquier, chargé, dans les armées qu'il commandait, de la partie des vivres.

l'administration n'est pas assujettie à des règles déterminées, le hasard ou des ressources instantanées et par cela même précaires, remplacent une utile prévoyance, et le sort du soldat est à la merci des événemens.

———

CHAPITRE II.

De l'origine de l'administration militaire.

L'ART d'administrer les armées devait naître avec elles ; et d'après la position, l'étendue et la richesse des états, il devait être plus ou moins compliqué. Chez tous les peuples, cet art fut long-temps au berceau, et l'on peut facilement suivre les progrès qu'il a faits vers son amélioration. En général, elle a plutôt été commandée par la loi impérieuse du besoin et par l'expérience fâcheuse des revers, qu'elle n'a été le résultat d'une étude réfléchie.

Dans les états démocratiques où l'intérêt général se composait plus particulièrement des intérêts individuels, où la chose publique était véritablement celle de tous les citoyens, chacun d'eux étant soldat, fournissoit en temps de guerre à ses besoins. On ne conçut pas alors, et on ne mit en pratique aucun système d'administration.

Dans la suite, lorsque les richesses eurent altéré l'austérité républicaine, l'équilibre fut rompu entre les citoyens, et la classe des riches brisa le niveau de l'égalité. Eux seuls alors pouvaient s'entretenir aux armées, et le pauvre eût été privé d'acquitter ce devoir, si l'on n'eût pas établi une solde de guerre (1). Enfin, lorsque la corruption qu'engendre toujours le luxe, eut fait oublier aux riches qu'ils avaient une patrie à défendre, ce soin fut laissé à des mercenaires : dès – lors naquit l'administration proprement dite.

Telle est, en peu de mots, l'histoire administrative des peuples anciens. Celle des républiques de la Grèce est peu connue ; celle du peuple romain, au contraire, est parvenue jusqu'à nous dans tous ses détails. L'étude en est d'autant plus intéressante que les institutions

---

(1) C'est ce qui arriva à Athènes. La classe pauvre, qui avoit été armée quand la formidable puissance des Perses menaçait la Grèce, refusa dans la suite de quitter les armes. On ne pouvoit la tenir sur pied de guerre sans lui donner une solde, et on la lui accorda. Il ne paraît pas que les Spartiates en aient jamais reçu.

de ce peuple, sous ce rapport, se rapprochent de celles de nos jours, et qu'on peut les suivre dès l'époque où il s'organisa en société, jusqu'à celle où, ayant perdu sa constitution primitive, il succomba sous la conquête qu'il avait faite du monde.

On adjoignait aux consuls qui commandaient l'armée romaine un ou deux *légats*, qui leur servaient d'aides et de conseils; les fonctions de ces légats étaient d'y annoncer les ordres du peuple et du sénat, d'interpréter les décrets, de traiter avec les nations ennemies, de rendre compte de la conduite des consuls, etc. Ce ministère important a été rempli dans nos armées par les commissaires de la convention, et l'est encore, à quelques modifications près, par ceux du gouvernement.

Les *questeurs* étaient des officiers militaires; ils étaient en même temps chefs de l'administration; ils embrassaient dans leurs attributions la solde, les subsistances, les fournitures, les contributions, le partage du butin, etc. Ils sont représentés en partie dans nos armées par les ordonnateurs en chefs.

Les *préfets* chargés des détails du service étaient à peu de chose près, ce que sont les commissaires ordinaires des guerres.

Les *préfets du prétoire* se retrouvent dans les agens en chef des vivres.

Enfin, les Romains avaient aussi leurs gardes et aides-gardes magasins, sous les noms de *susceptores* et *d'actuores*.

Les Romains servirent, à leurs frais, pendant les trois premiers siècles de la république; après ce temps, on leur accorda une solde. Dans la suite, lorsque leurs triomphes eurent a-grandi leur territoire, les provinces furent soumises à fournir par contribution les grains nécessaires à la subsistance des militaires et les voitures et les chevaux pour les transports. Ce produit des sueurs du peuple fut abandonné à des régisseurs. L'administration militaire ne fit pas assez de progrès pour sortir de ce mode abusif, onéreux et vexatoire; il ne finit qu'avec l'empire.

Jusqu'au treizième siècle, la solde n'a pas été introduite dans les armées françaises. Alors on n'assembloit les troupes qu'au moment où elles devaient combattre, et on les licenciait aux approches de l'hiver. Elles n'étaient pas entretenues par le trésor public; elles marchaient sous les bannières des vassaux de la couronne. Les provinces étaient chargées de faire trouver les provisions dans les lieux ou les troupes devaient camper et séjourner ; et des agens du fisc, appelés commissaires aux vivres, en avoient l'administration (1).

Cependant la difficulté de lever ces contributions, et le défaut d'unité dans les ordres faisaient souvent manquer les approvisionnemens. A mesure que les armées prirent plus de force et plus de consistance, cet inconvénient fut plus sensible ; on chercha à y remédier par des marchés à forfait. Les auteurs placent le premier en l'année 1574 (2).

Les avantages de cette mesure ayant été reconnus et bien appréciés, la politique des gouvernemens ayant été en outre de tenir, même en temps de paix, des corps considérables de troupes sur pied, cette mesure fut convertie en système. Dès-lors on assura les approvisionnemens et les fournitures par des

---

(1) Ce mode s'est éteint partiellement. Henri II supprima la fourniture des voitures par corvées, et Louis XIV, les contributions des grains en nature.

(2) Ce traité fut passé au camp de Bésignan ; le nom de l'entrepreneur, qui s'est conservé, est *Amaury*, bourguignon.

entreprises, et tous les services furent soumis à une marche régulière. C'est à ces temps seulement que se place l'établissement d'un systême, ou tout au moins, d'un mode uniforme dans l'administration militaire.

CHAPITRE III.

Des différentes combinaisons administratives.

Dès que les premières idées administratives furent connues, dès qu'on en eut essayé l'application, elles dûrent, à raison du plus ou moins de capacité de ceux qui administrèrent, prendre des directions contraires. Le défaut d'unité dans les vues amena des combinaisons différentes. Elles étaient indépendantes des principes ; elles furent soumises à beaucoup de fluctuations.

Tel conçut l'idée de cumuler plusieurs services dans les mêmes mains ; tel autre conçut celle de leur division. Ici, le système des régies fut adopté ; là, celui des entreprises. Quelquefois on divisa la fourniture de la manutention, ou bien on les réunit, lorsqu'il eût fallu les diviser. Souvent enfin on appliqua à tel service un mode qui ne convenait qu'à un autre, ou bien on employa pour les services d'armées, le mode qui ne convenait qu'aux services militaires, dans l'intérieur.

Sans doute l'art administratif doit présenter des combinaisons ; mais elles doivent être le résultat d'une théorie exacte. Alors elles ne dépendront plus de la volonté des administrateurs, et on n'en fera pas un usage indéfini. L'erreur vient de ce qu'on s'est occupé de l'organisation de chaque service, avant d'avoir posé les principes généraux de l'administration militaire. Suivons l'ordre des choses, et recherchons les principes avant d'en déduire les corollaires.

Observons cependant que, quelle que soit la diversité des opinions sur les combinaisons administratives, ces combinaisons se réduisent à trois, qui sont le type de toutes les autres : LA RÉGIE, LA RÉGIE INTÉRESSÉE ET L'ENTREPRISE. Nous trouverons dans une analyse méthodique des propriétés, des avantages et des inconvéniens de chacun de ces systèmes, quel est celui qui doit obtenir la préférence.

CHAPITRE IV.

De la régie.

Régir se définit administrer à la charge de rendre compte.

La régie, considérée dans ses rapports avec l'administration en général, s'applique à la recette des deniers publics, ou à l'exploitation d'un établissement, d'un service et d'une fourniture.

La régie peut être employée avec avantage, pour le recouvrement de cette espèce d'impôts dont la recette s'établissant par des formes authentiques, ne peut jamais être altérée.

De ce principe, on tirera cette conséquence, que la régie convient parfaitement à la perception de l'impôt connu sous le nom du *droit de l'enregistrement*, lorsqu'elle ne peut qu'être abusive pour la perception de celui de la *taxe d'entretien des routes*.

Pour asseoir une opinion motivée sur le système des régies dans l'administration militaire, il faut rechercher comment une régie s'établit, comment elle opère, et quels résultats elle donne; ce qui embrasse sa marche dès son principe jusqu'à sa fin.

L'administration par régie est indivisible à l'égard de l'objet auquel elle s'applique; c'est-à-dire, pour rendre cette idée plus claire, qu'on ne peut pas partager cet objet pour en faire régir isolément chaque portion. Une régie ne peut être qu'une machine vaste et compliquée; vice radical qu'on doit éviter dans tout système administratif bien conçu, car la méthode, la précision et la sûreté ne se trouvent que dans une sage division.

Lorsqu'il s'agit d'organiser une régie, le gouvernement en nomme les chefs principaux. Le premier usage qu'il fait de son influence sur ces chefs, est de leur imposer l'obligation d'employer un grand nombre d'individus qu'il désigne.

Si le gouvernement seul exerçait cette influence, il serait possible de calculer jusqu'où elle étendrait ses dangereux effets. Mais toutes les espèces d'influence agissent sur une régie par-tout où se trouvent des hommes investis d'un grand pouvoir ou revêtus d'un grand caractère, et c'est sur-tout dans les armées qu'on les rencontre.

D'un autre côté, les régisseurs ont leurs

parens, leurs amis, leurs protégés à placer; ces parens, ces amis, ces protégés sont aussi du nombre des élus.

Peut-être s'étonne-t-on de cette facilité excessive à donner des emplois ; elle est dans la nature même de la régie, où, toutes les dépenses étant supportées par le trésor public, aucun intérêt direct ne la gêne.

Il arrive de-là que de protecteurs en protecteurs, avant même que la régie soit définitivement organisée, elle est encombrée de plus de sujets ineptes qu'il n'en faudrait d'instruits pour la faire marcher. Comme il faut cependant que le travail se fasse, on est dans l'indispensable nécessité de placer à côté des intrus inutiles, des hommes nécessaires ; mais déjà on a multiplié, en pure perte, les employés et les dépenses de l'administration.

. Une pareille organisation est une monstruosité ; et l'administration elle-même devenue le patrimoine du crédit, de l'intrigue et de la sotise, perd tout à la fois sa force, sa volonté et ses moyens.

Comment, avec une pareille constitution, une régie opère-t-elle?

Les régisseurs ne font pas d'avances. Le gouvernement met à leur disposition de premiers fonds présumés nécessaires au service pendant un temps donné, à la charge par eux d'en rendre compte *un jour.*

Les régisseurs divisent ces fonds entre leurs principaux agens qui, à leur tour, les subdivisent entre une infinité de préposés subalternes.

En remontant la hiérarchie des grades, les uns et les autres ne contractent, envers leurs chefs respectifs, d'autre obligation que celle que les régisseurs ont eux-mêmes contractée avec le gouvernement, celle de rendre *un jour* leurs comptes.

Reste – t – il au moins au gouvernement quelques moyens de s'assurer si les fonds dont il se désaisit, sont employés à leur destination?

Le gouvernement a donné sa confiance aux chefs qu'il a nommés; il faut qu'il s'en repose sur eux, de même que ceux-ci sont obligés de s'en rapporter à leurs préposés. Ce n'est que lors de la reddition des comptes que l'emploi des fonds peut être connu. Mais cette reddition est toujours très-tardive, et alors toutes les dépenses se trouvent validées par des *pièces comptables.* J'expliquerai bientôt ce que sont ces pièces dans le système des régies, et comment on s'en procure.

Il résulte de cette espèce de comptabilité, qu'à peine les premiers fonds sont distribués, que déjà ils sont absorbés. Mille voix s'écrient unanimement : « le service va manquer, » si on ne donne de l'argent pour le soutenir ». Est-ce dans une pareille position qu'on peut demander, recevoir et vérifier des comptes, pour reconnaître si la régie a plus reçu qu'elle n'a dû dépenser ? Le temps fuit, les besoins deviennent plus pressans, le gouvernement s'inquiète, subit la loi et paie, paie continuellement, sans jouir même d'un instant de crédit.

Le trésor public s'épuise par cette seule raison qu'on a violé ce principe conservateur des finances d'un état, qu'il ne faut rien payer par à compte et sur des calculs approximatifs, mais seulement acquitter les dépenses faites et lorsqu'elles sont justifiées par des pièces légales.

J'ai dit tout-à-l'heure que l'emploi des fonds repose sur la confiance. Cette confiance est-elle fondée en administration ? Pour résoudre cette question, il faut étudier les ressorts du cœur humain.

L'intérêt est généralement le plus puissant mobile de la conduite des hommes ; je n'exclus cependant ni l'amour de la patrie, ni la gloire, ni l'honneur. Mais de même que ce serait une prétention trop rigoureuse d'exiger que les citoyens n'eûssent en vue dans tous les actes de leur vie, que la patrie; de même il serait inconséquent de vouloir que, dans la carrière administrative, les administrateurs ne fussent mûs que par l'honneur et la gloire (1).

Pour porter une opinion saine sur les hommes, il faut les considérer dans la position où le destin les a placés. On jugera donc le militaire sur d'autres données que l'administrateur, et le simple citoyen sur d'autres données que le militaire et l'administrateur. Ce jugement déterminera la nature et le degré d'influence que le gouvernement exercera sur chacun d'eux.

Ainsi le gouvernement n'exigera pas des citoyens plus qu'il ne peut raisonnablement en attendre. Il s'attachera sur-tout à concilier les intérêts particuliers avec celui de l'état; il résultera de cet accord que les citoyens se dévoueront pour défendre celui-ci, dont le

---

(1) Quelques administrateurs ont été dominés par ces sentimens; mais pour un *Colbert*, combien compte-t-on de *Terray*. Au reste notre réflexion s'applique plus particulièrement aux administrateurs secondaires qui n'ont pas cet aiguillon.

leur ne sera plus qu'une fraction. Si au contraire, en marâtre dure, la patrie rapporte tout exclusivement à soi, elle s'aliénera le cœur de ses enfans qui ne croiront trouver leur sûreté, la garantie de leurs affections et le maintien de leur fortune, que dans un isolement nécessaire.

Le gouvernement entretiendra, par une noble émulation, cet enthousiasme pour la gloire et ce dévouement à son pays, qui constituent le bon militaire. Pour qu'il reste pur, il éloignera de lui tous les travaux de l'administration, et les concentrera dans l'administrateur.

Le gouvernement combinera ensuite les élémens administratifs, de manière que l'intérêt de l'administrateur marche avec ses devoirs; car si ses devoirs se contrarient avec son intérêt, celui-ci aura l'avantage. Il n'y aura pas d'exception à cette vérité, toutes les fois que le coupable pourra se perdre dans la foule. Dans tous les cas, la responsabilité isolée de l'intérêt particulier est une idée sans application; elle est encore plus absurde cette idée, lorsque l'intérêt se trouve en opposition avec les devoirs.

Telle est la position de celui qui administre dans le système des régies; car ce qui devrait le lier au gouvernement, est une confiance qui ne peut être réciproque, puisque le gouvernement met tout dans les conventions, lorsque celui-là n'y met rien. Il est donc évident que cette confiance n'est qu'une belle chimère qui disparaît dans l'exécution.

En effet, on confie à un nombre toujours trop considérable de comptables, des fonds. Ces fonds sont un dépôt sacré auquel ils ne devraient toucher que pour les besoins du service dont ils sont chargés. Observent-ils la religion de ce dépôt? La plupart des hommes ont des passions et le desir de faire une fortune rapide. Est-il à croire que des régisseurs resteront impassibles au milieu des moyens plus que faciles de satisfaire leur cupidité, et de se livrer à tous leurs penchans? Les supposera-t-on exempts de faiblesses? Mais en leur laissant le maniement de beaucoup d'argent, ne doit-on pas craindre d'allumer en eux un feu dont nous apportons en naissant plus ou moins le principe? L'homme probe se défierait de soi-même en pareille circonstance; jugeons d'après cela qu'elle doit être la conduite de ceux qui regardent des places de cette espèce, comme une épave tombée dans leur domaine.

Veut-on s'arrêter sur cette idée consolante, qu'on n'emploie que des administrateurs intègres et incorruptibles ? Mais s'ils sont ou trop confians ou point assez expérimentés pour bien diriger des opérations qui tiennent à l'intérêt de tous ceux avec qui ils les traitent, ils seront trompés. De-là un déficit dans les fonds mis à leur disposition.

Ces administrateurs, n'étant que comptables, emploieront, pour remplir ce déficit, les ressources usitées par les administrateurs infidèles pour couvrir leurs dilapidations, le procédé des pièces comptables.

Disons donc ce qu'on entend par pièces comptables.

Ce sont des marchés sincères ou simulés, des procès-verbaux fidèles ou infidèles, des tableaux de consommations réelles ou fictives, des états de dépenses vraies ou supposées.... une seule formalité suffit pour valider ces pièces, la signature d'un commissaire des guerres (1).

Je desirerais être convaincu que tous les

_____

(1) Dans le principe on s'est adressé aux commissaires des guerres pour avoir leur signature ; dans la suite on a trouvé plus commode de la contrefaire.

commissaires des guerres sont probes ; mais,
dans cette hypothèse même, le mal ne serait
pas coupé dans sa racine, car ils seront abusés
sur des dépenses dont toute la sagacité et la
patience humaines ne pourraient reconnaître le
mérite ni suivre les détails. D'ailleurs il est
possible que les commissaires des guerres soient
achetés, puisqu'ils sont continuellement en re-
lation avec des hommes qui ont les moyens
ou la volonté de le faire.

Parlera-t-on d'opposer à l'immoralité des
réglemens sévères ? Ils ne pourraient atteindre
les consciences.

On rejettera donc un système trop facile,
sur lequel les lois n'ont aucune prise, qui met
la tentation à côté du penchant, et fait circuler
dans le sein de l'administration le venin de la
corruption.

Maintenant transportons-nous dans les
armées où les mouvemens sont presqu'im-
possibles à suivre, où les dépenses se multiplient à l'infini et ont des causes qu'on ne
peut ni assigner ni prévoir. Voyons-y s'élever
quinze ou vingt branches de service ; voyons
chaque service abandonné à une fourmilière
de régisseurs, d'agens, d'inspecteurs, de comptables, etc.; voyons l'argent se distribuer de toutes

parts et par à compte.... nous aurons vu le cahos.

Quels en sont les résultats, si on peut appeler de ce nom les désordres dont je vais tracer le tableau rapide et fidèle?

Mille et mille spéculations que les achats favorisent ; les achats faits de plusieurs mains et effectués par celui qui fournit, sur lui-même ;

L'anéantissement du service actif où la peine entre pour beaucoup plus que le gain ;

Le comptable fort de la faiblesse de celui qu'il a corrompu ;

Des malversations de tout genre, telles que dilapidations, doubles emplois, altérations des matières ;

Les denrées et les effets les plus mauvais, acceptés par l'homme qui, par son institution, est chargé des approvisionnemens et de leur emploi ;

L'épuisement total des magasins et des dépôts ; l'argent de l'état employé à un trafic illicite et souvent infâme ;

La fabrication des pièces comptables, ou, en d'autres termes, le vol organisé;

Et, pour *ultimatum*, des comptabilités qui s'achètent.

S'il restait encore quelques préventions favorables dans l'esprit des partisans des

régies, je mettrais sous leurs yeux l'histoire,
ce livre des nations, où les générations pré-
sentes doivent s'instruire à l'école des événemens passés ; ils y liraient : que, dans tous les
temps , les régies ont amené à leur suite des
exactions , des fraudes et des malversations.

Chez les Romains, les menaces, la sévérité
des lois , la terreur des supplices ne purent
en arrêter le cours : aussi les auteurs, en parlant
des *actuores*, des *susceptores* , les traitent-ils
« de race perverse, venale, astucieuse, avide,
» toujours prête à commettre des fraudes et à
» les voiler en les présentant comme un effet
» naturel, habile à s'attacher, par des présens,
» ceux dont la bassesse avait contribué à leur
» opulence, etc. ».

En France, lorsque tout l'art d'administrer
consistait dans des réquisitions et des corvées,
les régisseurs étaient odieux au peuple et
couverts d'un mépris général que l'opinion
rendait par ces mots *traitans, maltotiers* , etc.
Depuis, l'administration ayant pris des formes
plus douces , et le système des entreprises ayant
été constamment suivi, on vit s'éteindre avec
les vexations et une partie des abus, la haine
et l'indignation qu'ils excitent toujours.

Malheureusement on a fait dans la guerre

actuelle la faute de revenir aux régies. Le souvenir des opérations qui ont eu lieu ne permet pas de douter que les dénominations de *race perverse*, de *traitans*, etc. ne conviennent parfaitement à quelques-uns de ceux qui les ont dirigées.

CHAPITRE V.

De la régie intéressée.

LA régie intéressée se compose des **mêmes**
élémens que la régie simple. On n'y remarque
d'autre différence, si ce n'est que dans celle-là on
cherche à attacher à leurs devoirs, par l'intérêt,
ceux à qui on laisse le soin d'administrer;
c'est-à-dire, qu'on leur accorde une portion
dans les bénéfices résultans de leur gestion.

Mais, pour connaître ces bénéfices, il faut
pouvoir tracer une ligne de démarcation entre
un point donné d'où l'on part, et un autre
inconnu où l'on peut arriver avec de l'ordre
et de l'économie.

Ainsi, pour que la régie intéressée soit ap-
plicable à un objet quelconque, il faut qu'il
soit susceptible de deux appréciations. La première, que les frais et faux-frais d'administration puissent être évalués avec exactitude; la
seconde, que la recette, si c'est un impôt qu'on
met en régie, soit connue au moins par ap-
proximation, et que la dépense, si c'est une

branche de service, de fourniture ou un établissement qu'on fait exploiter, puisse être
déterminée.

On conclura de ces principes :

1°. Qu'il est quelques impôts auxquels ce
mode conviendrait parfaitement, parce qu'ils
présentent les deux qualités que j'ai démon-
trées nécessaires ;

2°. Que la régie intéressée peut être employée avec avantage dans l'administration militaire en temps de paix , si on le fait avec
sagesse et sobriété ;

3°. Qu'elle ne doit être admise sous aucun
rapport dans les armées où les événemens détruiront toujours les meilleures combinaisons.

CHAPITRE VI.

Des entreprises ou traités à forfait.

LE système des entreprises se réduit à traiter à forfait, pour l'exploitation des différentes branches de l'administration. Cette explication porte avec soi sa définition.

La confiance en ce sens seul, qu'elle est morale, entre pour peu de chose dans ce système ; on peut presque dire qu'elle n'y compte pour rien.

On doit regarder un entrepreneur comme un homme qui vise à gagner *le plus*. Le gouvernement en traitant avec lui, doit chercher à lui donner à gagner *le moins*.

Un entrepreneur, jusqu'au moment où il a terminé ses opérations, à la satisfaction du gouvernement, est, en quelque manière, sous le poids d'une prévention défavorable. Le gouvernement conserve dans son intégrité son action et sa surveillance sur lui.

Les avantages que présentent les entreprises dérivent de la nature même de ce système.

Le gouvernement et l'entrepreneur sont réciproquement liés; car dès qu'il existe un marché, ses conditions font la loi; il ne s'agit plus que de les exécuter.

On ferme le gouffre où la fortune publique s'anéantit, en s'affranchissant des frais de gestion et de toutes les espèces de dilapidations inhérentes aux régies. Cependant il peut s'en commettre quelques-unes dans les entreprises; mais le gouvernement a des moyens sûrs de s'en défendre.

On assure les approvisionnemens sans établir une concurrence dangereuse dans les marchés, et sans s'exposer à faire renchérir les denrées.

Les fonds destinés au service ne peuvent plus être employés à alimenter l'agiotage.

On détermine les dépenses; on en connaît la quotité : c'est un grand pas fait vers l'amélioration de l'administration.

On a une garantie de la régularité et de la bonne tenue de chaque service, car ils sont la propriété des entrepreneurs; et il est de leur intérêt, comme du soin de leur réputation, de remplir avec zèle et exactitude leurs engagemens.

On anéantit toutes les comptabilités intérieures des services : la portion de comptabilité

qui reste, se règle sur des données et des
pièces générales.

Enfin, la surveillance rendue à son véritable objet, se borne à maintenir l'exécution
des conditions des marchés; elle ne descend
plus dans l'intimité de chaque fourniture et
de chaque service.

Le système des entreprises est donc en raison inverse de celui des régies; comme celui-ci
produit nécessairement le mal, l'autre produit
nécessairement le bien. Quelle raison a donc
pu faire préférer la régie à l'entreprise? Une
prévention générale contre tout ce qui avait
porté le nom d'entrepreneur dans les temps
qui ont précédé la révolution. Cette prévention était sans doute méritée; mais il ne fallait
pas passer de la haine pour les individus, à
celle de la chose.

Quelques-uns avaient fait des fortunes
inouïes; l'expérience des régies nous a appris
que d'autres routes y conduisent aussi. On doit
cependant s'arrêter sur cette vérité: que l'entrepreneur peut quelquefois devoir la sienne à ses
travaux, à son intelligence et à son économie,
lorsque le régisseur ne peut la trouver que dans
des moyens illicites.

On me rétorquera, je n'en peux douter,

l'expérience des entreprises actuelles : cet argument ne prouve rien.

Dans le passage rapide d'un système à l'autre, on a conservé pour les entreprises les formes usitées pour les régies. Pourquoi s'étonner que celles-là soient imprégnées des mêmes abus que celles-ci ? Eh ! devrait-on accorder une confiance illimitée aux entrepreneurs ! devrait-on leur compter des fonds par avance ! devrait-on négliger de contrôler leurs fournitures par des revues ! devrait-on leur accorder une préférence marquée sur tout ce qui est probe, utile et malheureux ! devrait-on enfin trouver des entrepreneurs là où ne doivent siéger que la vertu et le désintéressement !

Si les entrepreneurs aspirent le trésor public, c'est qu'on ne prend pas même les plus légères précautions pour les en empêcher. En trompant, ce qui, en termes de l'art, veut seulement dire gagner, ils font leur métier : ceux qui traitent avec eux, ceux qui les surveillent, devraient faire le leur, en s'y opposant. Mais, disons-le avec franchise, on n'a pas le courage nécessaire pour leur résister ; peut-être aussi la maladie des richesses est-elle devenue contagieuse, et n'est-il pas que les entrepreneurs qui en aient été attaqués.

CHAPITRE VII.

Des règles principales des entreprises.

LE systême de l'entreprise peut s'appliquer à toutes les fournitures et à tous les services.

On adoptera pour la division des entreprises relativement aux fournitures, celle que la nature a établie. La manutention d'une fourniture pourra être quelquefois l'objet d'un marché. Chaque service sera donné particulièrement à forfait, et l'on suivra dans le partage des équipages de transports, les branches des services, auxquelles ils se rapportent.

Lorsqu'il existe un grand nombre d'armées, et s'il s'agit d'étendre aux divisions militaires de l'intérieur le systême de l'entreprise, on se gardera bien de donner à un seul entrepreneur une branche entière de fourniture ou de service; elle serait au-dessus des forces présumées d'un homme, d'une compagnie même. S'ils pouvaient en supporter le poids, ils marcheraient à grands pas à une fortune colossale, par un crédit fondé sur les moyens immenses que le gouvernement mettrait à leur disposition.

Mais cette conduite de la part du gouvernement serait impolitique ; car d'une part il
éteindrait la concurrence qui lui est si avantageuse, concurrence qui ne peut naître que
des offres de beaucoup d'entrepreneurs, et de
l'autre il ferait d'eux une puissance dans l'état,
dont un jour il subirait la loi.

On ne fera des marchés que pour une ou
deux armées, ou pour six divisions militaires
au plus ; encore faudra-t-il consulter les localités.

C'est donc un principe sûr qu'une entreprise générale serait *trop*, et que des entreprises
divisées outre-mesure seraient *trop peu*.

On n'interdira pas aux entrepreneurs la
faculté de sous-traiter, parce que l'objet de
l'entreprise n'étant pas trop conséquent, les
sous-traités ne seront pas multipliés d'une
manière abusive.

On assujettira les entrepreneurs à donner
caution. Jusqu'ici le gouvernement la leur four-
nissait par des avances considérables en numéraire, ou en les nantissant d'effets ou de
denrées équivalans à la force de leurs marchés ;
aujourd'hui, par une mesure opposée, on va
exiger d'eux un double cautionnement, l'un en
immeubles et l'autre en argent. L'intention en

est pure et louable; mais elle n'atteindra pas le but qu'on se propose, parce qu'on a passé d'un extrême abusif à un extrême impraticable.

L'essence des conditions des entreprises se réduit à cet axiôme : « Les entreprises doivent » être conçues de manière que les entrepre- » neurs n'y trouvent de bénéfices que ceux qui » résultent des prix de leurs marchés ».

Le gouvernement en maintiendra l'exécu- tion avec rigidité et ne laissera rien à la volonté des entrepreneurs. Leur intérêt pourrait les entraîner dans des démarches dont les consé- quences seraient fatales.

J'en citerai un exemple très-connu, mais qu'on ne saurait trop rappeler. En 1708, les munitionnaires consommèrent les provisions de l'état. Ils négligèrent de les remplacer dans la même année, ainsi qu'ils s'y étaient engagés. La récolte de 1709 manqua. Ce ne fût qu'avec des peines indicibles et avec de grands sacri- fices d'argent, qu'on parvint à faire subsister les armées (1). ·

Mais, si l'on exige des entrepreneurs l'exé- cution stricte de leurs engagemens, ils doivent

---

(1) Le sac de blé qui, en 1708, valait 10 fr., fut acheté, en 1709, 35 et 40 fr.

compter sur la tenue rigoureuse de ceux du gouvernement. Le système des entreprises ne convient donc qu'à celui qui peut ou veut rester fidèle à ses principes, car la moindre irrésolution, un pas rétrograde, une suspension non motivée de paiement, peuvent refroidir le zèle des entrepreneurs, tuer leur crédit et compromettre l'intérêt public.

Dans la supposition contraire, un gouvernement peut employer les régies ; mais il marchera à sa ruine, car il détruira ses finances ; il hâtera même le moment de sa chute, car il seroit forcé de lever des contributions en nature sur le peuple, qui se porterait alors à des mouvemens séditieux contre une autorité qui deviendrait oppressive.

Enfin le gouvernement ne verra pas seulement dans l'organisation des services, dans les approvisionnemens, dans la passation des marchés, le matériel de l'opération ; il en saisira les rapports économiques qui se lient à l'agriculture, au commerce, à l'industrie et à la circulation du numéraire.

Le raisonnement peut développer ces grands principes ; ce n'est que par le sentiment et le génie qu'on s'élèvera à leur hauteur.

CHAPITRE VIII.

Du mode de passation des marchés.

SECTION PREMIÈRE.

Division de ce chapitre.

LES marchés seront-ils donnés au rabais, ou traitera-t-on de gré à gré avec les entrepreneurs ? Passera-t-on les marchés dans le secret et le silence du cabinet, ou les soumettra-t-on à des formalités publiques ? Telles sont les questions peu agitées, quoique de la plus haute importance, qu'il faut résoudre.

Pour porter la lumière dans cette discussion, je dois la considérer sous deux points de vue : ainsi, je parlerai premièrement du mode de passation des marchés pour les services d'armées ; secondement, du mode de passation des marchés pour les services dans les divisions militaires de l'intérieur. Cette distinction est bien essentielle, car les principes qui s'appliquent à ceux-ci, seraient trop sévères pour les autres.

SECTION II.

Du mode de passation des marchés pour les services d'armées.

Le seul avantage que présenterait le mode du rabais dans la passation des marchés pour les services des armées, serait de descendre au prix le plus bas auquel ils pourraient être donnés : mais ce n'est pas le but le plus essentiel qu'on se propose ; d'ailleurs cet avantage s'évanouit devant des inconvéniens sans nombre.

Pour établir la garantie de l'exécution des marchés d'où dépendent toujours la bonne tenue, l'existence des armées et par suite le salut de l'état, il faut chercher à réunir dans les entrepreneurs, capacité, probité, moralité, crédit, souvent même la richesse.

Le mode du rabais ne laisse pas la liberté du choix. Le premier venu s'emparera du marché, moyennant un prix qui peut paraître avantageux à raison de sa modicité. Mais il y a loin de là à l'exécution ; et si elle manquait, que serait la responsabilité d'un individu pour parer un événement si funeste ! Un gouvernement prudent ne doit pas s'exposer à courir de pareilles chances.

La garantie qu'on pourrait exercer contre la caution serait elle – même illusoire, car je parle des circonstances où un service manquerait par toute autre cause que par défaut d'argent, c'est-à-dire par l'immoralité, la perfidie ou l'incapacité de l'entrepreneur.

J'appuierai mon sentiment sur celui d'un auteur estimable : « On ne doit pas avoir grande » opinion, dit Duprey d'Aulnay, dans son » *Traité des subsistances,* de ceux qui offrent » de se charger du service à quelque prix que » ce soit ; ou ils ignorent les premiers élémens » de l'entreprise , ou ils comptent remplacer » la médiocrité du prix qu'ils demandent par » de mauvaises manœuvres. Un ministre dont » les vues sont supérieures connaît les consé- » quences d'un bon choix ; il est persuadé que » la bonté d'un marché consiste moins dans » les clauses que dans l'exécution ».

La première question se trouve donc décidée négativement, ce qui préjuge que la seconde doit l'être de même ; car si les marchés pour les services d'armées ne doivent pas être donnés au rabais, il paraît assez inutile d'employer pour eux les formalités publiques dont le seul objet est l'adjudication au plus bas prix.

Peut-être soutiendra-t-on que dans tous
les cas l'adjudication doit être préférée par
cette raison qu'elle est la garantie de l'emploi
de la fortune publique.

Ceux qui raisonnent ainsi ne se sont pas fait
une idée bien juste de l'administration militaire. Ils ne savent pas qu'un marché ne peut
s'apprécier que par son exécution. Ils ne savent
pas qu'il importe peu qu'une ration de pain
coûte un peu plus, lorsqu'on pourrait l'avoir
à moins, si par défaut de surveillance ou par
une connivence coupable, le fournisseur peut
doubler et tripler ses consommations. Ils ne
savent pas qu'il importe peu qu'un marché pour
l'habillement soit passé à des prix avantageux,
si, par l'effet d'une clause qu'on y insère, on fait
délivrer à l'entrepreneur, des magasins de la république, à vil prix, des matières qu'il revend
ensuite à la république aux taux portés dans son
marché. Ils ne savent pas qu'une décision,
qu'une lettre ministérielles interprétatives des
clauses d'un marché, peuvent indépendamment des prix qui y sont portés, le rendre
plus ou moins onéreux à la république. Ils ne
savent pas enfin qu'un marché n'est que ce que
la volonté du ministre et de ceux qui l'entourent

le fait être. Il serait à souhaiter que cela ne
fût pas ainsi; mais qui peut aller contre la nature des choses! Il est donc évident que l'adjudication publique qui, encore une fois, ne porterait
que sur le prix des marchés, ne pourrait remédier aux abus d'une mauvaise administration
qui à chaque instant en modifierait l'exécution.

Mais, ajoutera-t-on, avec des adjudications
publiques, les marchés ne seront pas vendus,
et les fournisseurs ne faisant aucun sacrifice
pour les obtenir ne seront pas obligés, pour
se récupérer, de recourir à des opérations
onéreuses pour le trésor public.

Cette objection prend sa source dans l'erreur que je viens de combattre. Qu'importe
effectivement que l'entrepreneur n'ait fait aucun sacrifice pour avoir son marché, si au
premier pas qu'il hasarde pour l'exécuter, il
est arrêté par la mauvaise volonté des bureaux
du ministre; n'est-ce pas comme s'il l'eût été
dès le principe?

Il ne faut plus se le dissimuler: toutes les
précautions seront vaines et toutes les formalités viendront échouer contre cette volonté,
en la supposant toujours mauvaise. Si pour
administrer, il suffit d'avoir, rigoureusement

parlant, des lumières et de l'expérience; pour
bien administrer, il faut essentiellement joindre
à ces qualités, une probité sévère; et l'on
doit dire que celui-là est vraiment le meilleur des administrateurs, qui est encore le plus
honnête homme.

Enfin, qui ignore que dans notre manière de
faire la guerre, on laisse de côté ces combinaisons
timorées d'administration, d'après lesquelles
seulement les généraux opéraient jadis? Qui ne
sait avec quelle rapidité nous transportons le
théâtre de la guerre, d'un pays dans un autre;
quelle est la célérité de nos marches et avec quelle
audace impétueuse nous traversons les fleuves
sans savoir quelles seront nos ressources à l'autre
bord? Comment dans ce désordre des camps, se-
rait-il possible d'assujettir les marchés à des adjudications publiques passées méthodiquement
à Paris ?

Cependant s'il serait généralement impraticable et souvent infructueux de soumettre
les marchés pour les services des armées, à
des adjudications publiques, je ne pense pas
qu'on doive les passer dans le silence du cabinet et les envelopper de ténèbres, à moins
qu'il ne soit question de marchés dont la publicité éventerait des projets que l'ennemi

doit ignorer. Ceux-ci, que les circonstances
nécessitent quelquefois, doivent être nécessairement secrets. Dans tous les autres cas, ce
procédé ne peut convenir à notre gouvernement, où chacun ayant le droit de prétendre
aux mêmes avantages, doit être instruit des
motifs qui l'en ont fait exclure, et connaître
les actes de l'administration pour les approuver
s'ils sont sages et les blâmer, cependant avec
déférence et circonspection, s'ils sont dans le
cas de l'être. La publicité doit instruire l'opinion, et l'opinion doit être le frein des dilapidateurs et la première vengeance qui s'attache
à eux. Si cette opinion pouvait vaciller jamais, elle reprendrait bientôt sa véritable direction ; car s'il est possible d'obscurcir les
idées du bien et du mal, et de mettre pendant
quelque temps le désordre à la place de l'ordre,
il n'appartient à aucune puissance de les confondre irrévocablement.

On prescrira donc des règles pour établir
la concurrence dans les marchés pour les
services d'armées, et des formalités pour en
assurer la publicité. Ces formalités auront-elles
lieu hors du ministère de la guerre ou dans
son sein ? Je tranche la question en faveur de
la seconde proposition. Ce serait sans doute

le cas de rechercher quelles seront ces règles et ces formalités; mais tout se tient en administration, et je serais inintelligible, car je n'ai pas encore parlé du ministère de la guerre. Son organisation actuelle, faible, vicieuse, incomplète ne peut se prêter à l'établissement d'aucune institution utile. Je suspendrai cette discussion jusqu'au moment où je m'occuperai de la réorganisation de ce ministère, parce qu'alors seulement on pourra l'employer avantageusement et en attendre quelque bien.

Cependant on se rappellera qu'en traitant des entreprises pour les services des armées, je les concevrai toujours soumises à des règles protectrices et à des formalités rigoureusement observées ; à moins, encore une fois, qu'il ne s'agisse de marchés qui doivent rester secrets.

SECTION III.

Du mode de passation des marchés pour les services dans les divisions militaires de l'intérieur.

Dès qu'il ne s'agit plus des services d'armées, il ne peut plus être question de marchés qu'on doive tenir secrets. Les marchés qui s'appliquent aux services des divisions militaires de l'inté-

rieur, doivent comporter la publicité, l'exactitude et être soumis à une police sévère; c'est ici
le service fixe qu'on distinguera toujours des
services d'armées, et qui, même en temps de
guerre, ne doit souffrir aucune altération.

La passation de ces marchés se modifiera
de deux manières : les uns étant d'un intérêt
général, ou ne pouvant être divisés sans inconvénient, seront passés dans le sein même du ministère de la guerre, d'après les formes qui seront
établies ; les autres, au contraire, tenant aux
localités et devant, par cette raison, s'y plier,
seront passés dans les divisions de l'intérieur
et adjugés au rabais. Les commissaires-ordonnateurs feront procéder à ces adjudications,
sur les ordres du ministre de la guerre, en
présence des autorités centrales ou municipales.

Telles sont les distinctions et les règles
qu'on suivra dans la passation des marchés.
Ce système, le meilleur incontestablement,
n'exclura cependant pas la régie, et la régie
intéressée pour les cas extrêmement rares, où
on pourra les employer avec succès.

Je vais faire l'application de ces différens
systèmes et de leurs principes, en traitant du
matériel de l'administration, c'est-à-dire, de
tous les services militaires.

LIVRE SECOND.

De l'application des différens systêmes administratifs au matériel de l'administration militaire, ou des règles de la solde, des traitemens et des fournitures militaires.

CHAPITRE PREMIER.

Exposition et division de la matière du livre second.

ÉQUIPPER, vêtir et nourrir tant en santé qu'en maladie, les citoyens qui suivent la carrière militaire, ou que la patrie appelle à sa défense, telle est une partie des obligations que contracte à leur égard le gouvernement; les payer, telle est l'autre. Je raisonne dans l'hypothèse où les militaires ne seront pas chargés de leur entretien; hypothèse qui, dans l'application, est une réalité à laquelle on ne peut

apporter aucun changement, parce qu'elle tient
à nos usages, à nos besoins et au système
économique de l'Europe.

Il paraîtrait que je devrais parler d'abord
des fournitures militaires qui, dans l'ordre
naturel de nos besoins, ont la priorité ; je com-
mencerai cependant par la solde qui, dans
l'ordre administratif, est la base sur laquelle
repose, en grande partie, le système de l'administration militaire.

CHAPITRE II.

De la solde et de ses différens rapports avec l'administration militaire.

SECTION PREMIÈRE.

Division de ce chapitre.

Sɪ je n'avais à considérer la solde que comme traitement pécuniaire de la troupe, la discussion où je vais entrer serait infiniment simple et présenterait peu d'intérêt, car rien ne peut être moins difficile que de fixer ce qu'on donnera aux militaires, en numéraire, lorsque la république leur fournira, sans retenue, les objets de consommation de différente nature que la loi leur accorde ; mais c'est essentiellement de la combinaison de la masse de la solde, avec les masses consacrées à ces fournitures, et des retenues qu'il deviendra nécessaire d'établir sur la solde, que je dois m'occuper.

Ainsi mon sujet s'agrandit et se divise en deux parties : dans la première, je parlerai de la solde considérée dans ses rapports avec le matériel de l'administration ; dans la seconde, de la solde considérée uniquement comme traitement pécuniaire.

Il restera encore à rechercher les règles de la comptabilité de la solde ; je m'en occuperai seulement, lorsque l'ordre de cet ouvrage amènera cette matière, une des plus intéressantes, quoique la plus négligée de l'administration militaire.

SECTION II.

De la solde considérée dans ses rapports avec le matériel de l'administration militaire, ou des masses et des retenues sur la solde.

On appelle masse, en style militaire, une somme déterminée, consacrée exclusivement à une branche de fournitures et de services.

Il doit y avoir autant de masses qu'il y a de branches de fournitures et de services : ainsi la solde doit avoir sa masse ; les fournitures du pain, de la viande, de l'habillement, de l'entretien, des étapes, du chauffage, des hôpitaux, etc., doivent avoir respectivement leur masse.

Une masse est particulière, lorsqu'elle ne s'applique qu'à une seule fourniture ; elle est générale, si on la considère embrassant la totalité des dépenses militaires.

Dans le système actuel, nous avons une masse générale et nous n'avons pas de masses particulières : cette masse générale n'est pas encore ce qu'elle devrait être ; car, par masse générale, on entend l'aggrégation de toutes les masses particulières, déterminées isolément et calculées ensemble.

Il y a une masse générale seulement en ce sens, qu'il est ouvert un crédit au ministre de la guerre pour toutes les dépenses de son département, et que sur ce crédit il est autorisé à les faire payer indistinctement.

La masse de la solde, proprement dite, dégagée des masses pour fournitures, ne peut donner lieu à aucune retenue, puisqu'elle n'est que cette portion de la solde franche et quitte de toutes charges : c'est ainsi que la masse de la solde est combinée en ce moment.

Pour qu'il y ait lieu à des retenues, il faut accroître la masse de la solde, des masses particulières des fournitures, à raison desquelles on veut exercer des retenues.

Jadis il y avoit des masses et on exerçait

des retenues ; la loi du 2 thermidor an 2 ,
sur la solde, a anéanti ce système et n'a rien
mis à sa place. Avec lui a disparu le principe
conservateur de l'ordre, dans l'administration
militaire; car sans masses il ne peut y avoir
aucun équilibre dans les dépenses et aucune
division dans la comptabilité ; de même que
sans retenues sur la solde, on ne peut espérer
ni économie dans les fournitures faites aux
corps, ni asseoir la responsabilité qui doit peser
sur les conseils d'administration.

Abordons la première question : rétablira-t-
on les masses ? J'en ai dit assez pour avoir donné
la conviction , que de l'affirmative ou de la
négative de cette question, dépend l'existence
d'un bon ou d'un mauvais système administratif, et qu'on ne peut agiter une matière d'un
intérêt plus majeur. Mais comme c'est par le
rapprochement et la comparaison des deux
extrêmes d'une chose qu'on en juge plus sainement, je vais retracer rapidement les abus qu'a
fait naître la suppression des masses, avant
de démontrer la nécessité et l'avantage de les
rétablir.

Ces abus se réduisent à deux principaux,
dont les conséquences sont aussi funestes qu'elles
s'étendent à l'infini.

Le premier est, en laissant le ministre de la guerre, le dispensateur absolu des fonds mis à sa disposition pour toutes les dépenses de son département, de lui laisser aussi la faculté de faire acception de telle fourniture ou de tel service, sans égards pour beaucoup d'autres, et de faire acception de tel ou tel créancier, au préjudice de tels autres ; comme si, dans une administration bien ordonnée, tout ne devait pas être sur la même ligne, et marcher concurremment.

Le second est d'apporter des obstacles insurmontables à la découverte des dépenses abusives, à la classification de celles qui sont nécessaires et à la fixation de la quotité des fonds qu'on devrait partiellement y affecter. Et ces obstacles ne pourront être vaincus, tant que le ministre de la guerre, recevant en masse, devra rendre son compte de même, ou, ce qui est pis, se croira dispensé d'en rendre ; car sa position influant sur toute l'administration, celle-ci contractera les mêmes habitudes.

Les résultats de ces abus sont d'amener l'oubli et l'anéantissement des services qui, n'étant pas d'une excessive urgence, se trouvent sacrifiés à ceux que l'impérieuse nécessité ne permet pas de laisser un jour sans moyens et sans activité : ainsi le soldat aura toujours du pain; mais se rend-il à l'hôpital ? il n'y trouvera aucun secours. L'administrateur qui fléchit de cette manière, fait preuve d'impéritie, et paraît oublier que tout se liant en administration, il ne doit pas exister de lacune dans un système bien conçu.

Un autre effet de ces abus, est encore de faire préférer le fournisseur qui ne fournit rien à celui qui fournit réellement, parce que les fonds n'étant pas affectés particulièrement et exclusivement à chaque service, on a toujours mille raisons pour ne pas payer le fournisseur qui n'en a pas de *bonnes* pour l'être. L'autre, au contraire, pouvant sacrifier la majeure partie de sa créance chimérique, trouve plus d'une oreille accessible à ses demandes, et trop de mains prêtes à lui compter de l'argent, moyennant *l'honnête* retenue de la moitié, ou au moins du tiers de la somme.

Il arrive de-là que le découragement s'empare du fournisseur probe, qui cède la place à des rivaux privilégiés, et que les armées abandonnées à ces vampires sont dénuées de tout, lorsque le trésor public s'épuise pour passer entre leurs mains. Ce qui présente un spectacle moins révoltant, mais souverainement

injuste, c'est de voir le créancier légitime rejeté dans l'arriéré, lorsque son antagoniste est
toujours au courant de ses paiemens illicites,
si même le gouvernement n'est en avance à
son égard.

Si on considère ensuite la position des employés, de ces hommes précieux qui se dé-
vouent à des travaux difficiles, fastidieux, qui
ne présentent seulement pas, grâce à l'instabilité des places et à la modicité des traitemens,
la perspective d'une médiocre aisance, on reconnaît que dans le sein même du ministère
de la guerre, ils en ont été privés pendant
des trimestres entiers, et que généralement
le paiement en est arriéré.

Combien cette vérité affecte douloureuse-
ment! Comment peut-on suspendre, ne fût-ce
que pendant quelques jours, le paiement d'un
médiocre salaire, que souvent une famille entière attend pour se soutenir! Arrêtez donc,
vous tous qui dirigez les finances, arrêtez donc
la révolution du temps qui, en ramenant périodiquement les jours, amène périodiquement
de nouveaux besoins; car celui qui n'a pas
mangé hier, ne peut pas l'oublier aujourd'hui!

Aussi pénétrons dans les asyles de ces hommes utiles, nous les verrons, en proie à toutes

les privations, tomber dans le découragement, s'abandonner au désespoir, et plus souvent encore, se livrer à des intrigues basses et se créer des ressources honteuses. L'on se plaint ensuite qu'on ne trouve plus dans les bureaux, des employés probes, instruits et ayant des principes. Mais de bonne foi, peut-on exiger que des hommes de cette trempe, se jettent dans une carrière à l'entrée de laquelle il faut laisser l'espérance et la vertu, et qu'ils se condamnent à y traîner une existence inquiète et douloureuse? Si quelques-uns la parcourent, n'y perdront-ils pas, si cela n'est déjà fait, leur premier caractère? Résisteront-ils à cette loi immuable de la nature, qui condamne l'ame à se flétrir et à dégénérer, lorsque le corps s'affaisse sous le poids du besoin (1)? Cessons donc ces clameurs inconsidérées, et apprenons à être conséquens, si nous ne pouvons être justes!

Que si nous détournons nos regards du

_____

(1) Rien ne dompte plus l'homme de bien que la pauvreté ; elle le dompte plus cruellement que la vieillesse avec ses cheveux blancs, que la fièvre dévorante. *Sentence de Théognis, poète grec.*

séjour de la pauvreté pour les porter sur la somptueuse demeure des fournisseurs, de ces hommes non-seulement inutiles, mais même à charge à l'état, lorsqu'ils ne sont pas fidèles, tout y est prodigué jusqu'à la satiété; et l'abondance insultante et fastueuse qui règne autour d'eux, ne peut avoir, par opposition, de terme de comparaison que la misère âcre et meurtrière des hommes dont je viens de parler. C'est là, au reste, un jeu de l'aveugle destin et une conséquence nécessaire de l'état de société, que l'application insensée de l'égalité absolue peut bien troubler quelquefois, sans jamais le détruire. Si le destin appelle les uns à la fortune, il pouvait y appeler les autres: qu'importent ces préférences à celui qui ne considère la société qu'en masse! Néanmoins, un gouvernement sage qui ne confond pas l'égalité de fait avec celle de droit, respecte l'ordre établi, quoiqu'il travaille sans cesse à en modérer les écarts, à niveler les disproportions et à rapprocher les intermédiaires immenses que les richesses établiraient bientôt.

Tel est le grand art de gouverner, ou pour mieux dire, d'administrer; ses moyens sont une sévère et impartiale justice. D'où je conclus, en

particularisant cette idée, que le gouvernement
acquittera également toutes ses dépenses,
et qu'il s'attachera sur-tout à assurer à ceux
qui le servent immédiatement, un traitement
qui ne doit jamais reculer devant leurs besoins,
mais qui doit toujours les prévenir.

Enfin, je ne quitterai pas un sujet aussi
intéressant, sans demander pourquoi, lorsque
les caisses sont ouvertes aux uns, elles restent
fermées aux autres? Les caisses ne devraient-
elles donc pas être impassibles, pour me servir
d'une expression qui rend toute ma pensée? Pourquoi ces préférences? elles sont une infraction aux
règles d'une saine administration; elles blessent
l'équité. Apprenons donc à être justes, peut-
être deviendrons-nous plus conséquens !

Sur qui rejeter tant de désordres et tant
de maux ? Ils appartiennent au plus pitoyable
des systèmes financiers. On ne peut les attribuer exclusivement aux ministres qui ont administré jusqu'à ce jour, car ils sont hommes;
ceux qui administrent sous leurs ordres, le sont
aussi. Comment croire que, tant qu'on leur
laissera la disposition d'une somme générale,
affectée sans désignation à des dépenses qui se
divisent en vingt ou trente branches; comment
croire, dis-je, qu'ils tiendront exactement la

balance entre toutes, et qu'ils se défendront
des impressions qu'ils recevront et des hommes
et des choses. S'il est un reproche fondé à faire
à ces ministres, c'est de n'avoir pas arrêté
les progrès du mal et du désordre, et de n'avoir
pas recherché et fait connaître les moyens d'arriver à l'ordre et au bien.

Un des plus efficaces, pour la partie militaire, est de rétablir les masses.

L'essence de la théorie des masses se définit par ce peu de mots : « déterminer et
» affecter exclusivement à chaque branche de
» services ou de fournitures, ses fonds propres».

Les conséquences de ce principe sont faciles à déduire.

Dès que les fonds présumés nécessaires à
chaque branche de fournitures et de services
seront déterminés; dès qu'il ne sera plus possible au ministre de les appliquer à un objet,
préférablement à un autre ; dès que sur-tout
il ne pourra plus excéder les masses par les
dépenses, il se trouvera resserré dans des règles
devant lesquelles disparaîtra l'arbitraire, et il
sera transformé en administrateur, lorsque
actuellement et par le fait, il n'est qu'un banquier qui tire des lettres de change sur la trésorerie.

Cette métamorphose imposera au ministre l'obligation de justifier partiellement de l'emploi des fonds qui lui seront faits, pour les différens services de son département. Mais le ministre ne pourrait remplir cette obligation, si les administrateurs militaires ne mettaient le même ordre dans les parties qui leur sont confiées, et ne rendaient eux-mêmes au ministre, par nature de dépense, les comptes particuliers dont son compte général doit se composer. Tels seront donc les grands résultats du rétablissement des masses, d'assurer également le paiement de toutes les dépenses, de diviser et de classer les travaux de l'administration, et de rapporter au ministre des résultats pour chaque partie.

J'ai recherché avec beaucoup de soin, quelles étaient les raisons qu'on avait fait valoir pour obtenir la suppression des masses ; je n'en ai trouvé aucune, à moins qu'on appelle objection, cette réflexion unique, qu'on lit dans le rapport qui précède la loi du 2 thermidor an 2, sur la solde de la troupe : « L'expérience n'a » que trop démontré l'illusion de la spécieuse » théorie des masses et des retenues sur la » solde, qui n'a eu jusqu'à présent d'autre » effet que d'obscurcir la comptabilité et de

» répandre mille fausses prétentions parmi les
» troupes ». Si cette objection ne frappait que
sur la théorie des masses, elle tomberait d'elle-
même ; frappant aussi sur celle des retenues,
elle est fondée jusqu'à un certain point ; parce
que si toutes les masses étaient nécessaires,
quelques retenues étaient inutiles, et le systême en était trop compliqué.

Mais il ne fallait pas confondre dans la
discussion les masses avec les retenues ; car,
quoique les retenues soient une conséquence
des masses, les masses peuvent exister sans
nécessiter les retenues. L'on pouvait donc supprimer celles-ci, en conservant celles-là ; on
n'aurait fait qu'un demi mal.

Il ne fallait pas non plus confondre les
différentes espèces de masses ; car il était encore
possible de supprimer celles qui pouvaient donner lieu à des retenues et de les réorganiser en
masses pures et simples.

Rendons cette idée plus claire. Les masses
se divisent en deux classes ; celles qui doivent
être mises à la disposition du ministre, et celles
qui doivent être mises à la disposition des
corps, dont l'emploi est cependant surveillé
par le ministre.

Les masses mises à la disposition du ministre,

doivent faire face à toutes les dépenses, autres que celles qui rentrent dans les fournitures dont l'administration doit être laissée aux corps; les masses mises à la disposition des corps ne doivent se rapporter qu'à leurs dépenses propres.

Si donc on voulait supprimer les masses mises à la disposition des corps, on le pouvait; mais bien loin d'étendre cette suppression aux autres masses, il fallait réunir celles-là à ces dernières, dans le ministère de la guerre; car, encore une fois, le système de l'administration militaire ne peut être bon et méthodique qu'autant qu'il repose sur cette base.

Je ne crains pas de le dire : les partisans de la suppression des masses, en parlant généralement des masses, n'ont pas trop sû ce qu'ils disaient; de même qu'en ordonnant leur suppression, on ne savait guères ce qu'on supprimait.

Voyons si on a été plus instruit dans la discussion et mieux avisé dans le parti qu'on a pris à l'égard des retenues sur la solde.

Pour prouver qu'il fallait supprimer les retenues sur la solde, on a dit : « Pourquoi dis- » traire une partie de la solde, sous le nom » de retenues, pour en former des masses

» toujours suspectes? Le soldat peut-il concevoir
» facilement la cause de toutes ces différences
» de dénomination entre la solde, la haute-
» paie, le prêt, la poche, les masses d'habille-
» ment et d'équippement, d'entretien, d'hôpi-
» taux, etc.? n'est-il pas ridicule de lui dire :
» ta solde est de quinze sols; mais là-dessus
» on te retiendra trois sols pour l'habillement
» et l'équippement, deux sols deux deniers pour
» le pain, etc.; en tout sept sols, six deniers,
» dont il ne te sera rendu aucun compte. Il
» était bien plus simple de lui dire : ta solde
» sera de sept sols deux deniers, et tu seras
» habillé et nourri.

» Toutes ces retenues, toutes ces distinctions
» entraînent des détails considérables, pénibles
» et rebutans, et ne servent qu'à compliquer
» la comptabilité, à favoriser les déprédations
» et à couvrir les abus d'un voile impéné-
» trable (1) ».

Précisons ces objections, elles se réduisent
à trois :

1°. Les retenues forment des masses suspectes.

---

(1) Rapport sur la solde de la troupe, du 2 thermidor an 2.

2°. Le soldat ne peut en concevoir ni le motif ni la nécessité.

3°. Elles compliquent la comptabilité et favorisent les déprédations.

Je conviens que les retenues sur la solde pouvaient former, dans les temps dont on parle, des masses suspectes, parce que le système en était mal combiné.

En effet, ces retenues formaient des masses qui appartenaient aux corps, masses dont ceux qui étaient chargés de l'administration des corps, devaient un jour leur rendre compte. Mais déjà on a reconnu le vice de cet ordre de choses, puisque les chefs des corps, qui en étaient les administrateurs, avaient un intérêt évident à embrouiller cette comptabilité, pour rendre illusoires les réclamations des militaires et pour s'approprier le bénéfice de ces retenues, et que cet intérêt était servi par leur volonté et leur puissance. Je parlerai bientôt du système qu'il fallait substituer à ce mode, et jusques-là je soutiendrai que détruire n'est pas réformer.

Il n'était pas exact d'avancer que le soldat ne concevait pas les détails de la partie d'administration qui le concernait, parce qu'en général, le soldat français saisit facilement ce qui le touche de près. Il aurait été plus juste de dire qu'il était inutile de le mettre à une pareille école, car la plupart des retenues qu'on faisait alors, lui étaient étrangères et auraient dû être supprimées.

Enfin, ce n'est pas aux retenues qu'il fallait imputer les déprédations dont on se plaint, mais bien aux rappels à la solde.

Cette assertion a besoin d'être expliquée. Jadis la solde se payait sur le pied de l'effectif des corps. Or, toujours une quantité plus ou moins forte de militaires de chaque corps était absente, soit que les uns fussent en congé ou en mission, soit que les autres fussent en route ou aux hôpitaux : l'on touchait la solde pour eux. Ces militaires revenaient ; il fallait faire leur décompte, et pour cela, les rappeler à la solde : ici commençaient les difficultés. Ou ils ne revenaient pas , comme les déserteurs, les morts : n'importe, on faisait vivre les uns et on comptait les autres comme présens. Dans l'un et l'autre cas, les quartiers-maîtres et les chefs des corps profitaient de la solde.

Telles étaient les plus considérables déprédations qui se commettaient dans ces temps. On voit qu'on les a beaucoup trop exagérées, et que ce n'était que des peccadilles, en comparaison de ce qui se passe de nos jours : d'ailleurs elles portaient plus sur les militaires que sur le gouvernement.

Cette réflexion justifie les prétentions des soldats et les mouvemens auxquels ils se portaient quelquefois , pour se faire faire leurs décomptes. Leurs réclamations étaient justes ; mais ceux qui administraient avaient trop d'intérêt à les étouffer, et trop de puissance pour ne pas y réussir.

Il faut rendre cette justice à la loi du 2 thermidor : qu'en supprimant les rappels à la solde , elle en a fait disparaître la difficulté la plus épineuse.

Je dois faire remarquer encore que c'est en confondant deux choses bien distinctes, les rappels à la solde , et les retenues sur la solde , qu'on a rejeté sur celles – ci les abus qu'on ne devait attribuer qu'à ceux-là. Il en fallait moins sans doute , pour rendre inintelligible une matière déjà très–abstraite par sa nature ; en employant une méthode opposée, j'ai l'espérance de la rendre très-claire.

Suivons notre sujet. Toutes les masses doivent-elles donner lieu à des retenues ? Dans le cas où il serait possible d'établir ces retenues, sera – t – il utile de le faire ?

Telles sont les nouvelles questions à résoudre.

Si l'on voulait faire aux militaires une retenue à raison de toutes les fournitures et de tous les services, il faudrait réunir les masses de ces fournitures et de ces services à celle de la solde. Mais, outre que cette réunion générale présenterait une complication qui ferait de la théorie des masses, une théorie vraiment spécieuse et qui mériterait les reproches qu'on lui a adressés, elle serait inutile pour quelques-unes de ces masses et inadmissible pour d'autres.

Par exemple, la réunion de la masse des fournitures d'hôpitaux à celle de la solde, ne sera jamais effectuée, parce que la masse des hôpitaux ne doit pas donner lieu à une retenue générale dans les corps. En effet, la retenue se ferait dans ce cas, sur la solde : or, les hommes malades aux hôpitaux ne doivent pas toucher la solde de présence ; d'où il résulterait que la retenue, qui devrait frapper sur le corps entier, pour atteindre les militaires qui auraient été malades, frapperait sur tous, excepté sur ceux-là ; ce qui serait absurde : ou, pour que la retenue pût se faire, il faudrait rappeler à la solde ceux qui auraient été malades aux hôpitaux, ce qui serait retomber dans la seule difficulté que présente cette partie.

D'autres retenues seraient inutiles, telles que celles qu'on établirait à raison des fournitures de pain et de viande; car la consommation de ces fournitures, étant fixée par jour et par tête de consommateur, et ne pouvant varier sous aucuns rapports, une retenue qui, ainsi que la consommation, ne serait susceptible ni d'accroissement ni de diminution, n'aurait aucun but avantageux ; elle surchargerait seulement la comptabilité, d'un calcul par soustraction, évidemment inutile.

Ce que je dis des fournitures du pain et de la viande, peut s'appliquer à beaucoup d'autres, et notamment à celle du casernement, parce que celle-ci ne peut pas non plus accroître ou diminuer à raison de l'usage personnel qu'en fait le soldat. Il est cette circonstance, cependant prévue par la loi, où les militaires se porteraient à dégrader les effets de casernement : c'est un dommage accidentel, mais volontaire, qui donne lieu à une retenue particulière sur la solde. Cette retenue se fait sur les procès-verbaux estimatifs de la perte, dressés par les commissaires des guerres. C'est moins là une opération administrative qu'une rigueur justement exercée.

Pour juger de la nécessité d'établir une re--
tenue, il faut partir de ce principe : « On ne
» fera de retenues sur la solde, que lorsque
» le soldat pourra y gagner par des soins per-
» sonnels, ou lorsque le gouvernement pour--
» rait y perdre par une conduite contraire »,

Par une application juste de ce principe,
on soumettra la solde à des retenues, pour les
fournitures d'habillement et d'équippement et
pour les dépenses d'entretien de quelqu'espèce
qu'elles soient. Car il est incontestable que les
effets d'habillement et d'équippement dureront
plus long-temps, à raison du soin que le soldat
en aura ; que la fourniture en sera plus ou
moins régulière, à raison de la surveillance
qu'exerceront sur les distributions les conseils
d'administration; et enfin, que les dépenses
d'entretien seront plus ou moins coûteuses,
à raison du plus ou moins d'économie qu'apporteront ces conseils dans le maniement des
fonds qui leur sont confiés pour cet objet.

Je le demande : quels motifs engageront, dans
le système actuel, les militaires à ménager leurs
effets d'habillement et d'équippement, et les
conseils d'administration à en surveiller les
distributions et à disposer sagement des fonds
consacrés à leur entretien? Je n'en trouve pas.

Me parlera-t-on de la surveillance des commissaires des guerres? Mais ils ne peuvent pas descendre à tant de détails; et ce serait leur rendre communes, les obligations des conseils d'administration. Me parlera-t-on des réglemens? Mais comment espérer qu'ils seront exécutés, lorsque personne ne doit vouloir fortement qu'ils le soient? En administration tout se relâche, si tout n'est lié par l'intérêt.

J'en appelle donc à cet intérêt; le soldat dira : « Mes effets d'habillement et d'équippe-
» ment ne me coûtent rien, de même que
» leur entretien : ceux - ci usés, d'autres les
» remplaceront ». Sa conduite sera l'applica-
tion de cette opinion dangereuse, mais fondée jusqu'à un certain point, pour lui.

De leur côté, les conseils d'administration diront : « L'habillement, l'équippement et l'en-
» tretien ne coûtent rien aux corps : que ser-
» virait une rigidité qui ne tournerait pas a
» leur avantage et qui nous y ferait des enne-
» mis? » Et ils agiront en dispensateurs absolus et indépendans de ces objets.

Ne doit-on pas craindre que des vues illi-
cites, dont on n'entrevoit que trop les causes et le but, ne détendent les ressorts d'une institution qui, créée pour le soldat, ne doit

cependant de comptes qu'au gouvernement?
et ne prevoit-on pas que le soldat abandonné
à soi-même, négligera ou vendra ses effets,
qu'il sera mal tenu, quoique son entretien de-
vienne plus dispendieux, et qu'il s'y glissera
des doubles emplois et des dilapidations?

Dans l'ouvrage que je viens de citer, on
lit ces phrases : « Quelques personnes ont
» craint qu'au moyen de la suppression des
» masses et des retenues, le militaire n'étant
» plus porté par son intérêt particulier à conser-
» ver ses effets d'habillement et d'équippement,
» il n'en résulte des dégradations sans fin dans
» ses effets, et conséquemment une plus grande
» consommation à la charge du trésor pu-
» blic ».

C'est-là une bien forte objection : il paraïs-
sait qu'après l'avoir faite, on devait y répondre ; mais comme elle est insoluble, on y
échappe, en disant : « Mais il est bien évident
» qu'au moins les masses et les retenues dont
» on ne fait aucun décompte aux militaires,
» n'ont aucun but réel ; qu'elles surchargent
» la comptabilité de détails fastidieux, et qu'il
» ne peut y avoir aucun inconvénient à les
» supprimer ».

Conclure de ce que quelques retenues étaient

inutiles, et de ce qu'on ne faisait pas le décompte aux militaires de celles qui s'y prêtaient, conclure, dis-je, qu'il fallait les supprimer toutes indistinctement, ne me paraît pas raisonner d'une manière bien conséquente ; mais conclure encore qu'il fallait supprimer les masses, c'est tomber dans une confusion d'idées, impardonnable, quand on se mêle de traiter des matières de cette importance.

Pour prouver ensuite que malgré la suppression de la retenue pour l'entretien, les effets d'habillement seront néanmoins bien tenus, on ajoute : « Il est à croire que les effets seront » bien entretenus, puisque les militaires n'au-» ront aucun intérêt à ménager les sommes » affectées à l'entretien ». Mais s'ils ne ménagent pas les sommes, pourquoi ménageront-ils les effets ? Quel système ! On a oublié qu'il y a deux choses à envisager dans l'existence des retenues : l'intérêt des militaires et celui du gouvernement. Or, en agissant ainsi, on rend ceux-là indépendans de l'administration, et on ouvre indéfiniment le trésor public pour une seule espèce de dépense.

On comprendra aussi dans les masses sujettes à des retenues, celle du chauffage : voici sur quoi je me fonde.

Le service du chauffage est celui qui se fait avec le plus d'inexactitude, parce que c'est celui qui, par les localités, présente le plus de difficultés. C'est aussi celui qui présente le plus de gain aux fournisseurs, parce que le soldat n'ayant souvent pas besoin de sa distribution, néglige de la prendre. Il en résulte que les entrepreneurs de ce service ne fournissent quelquefois pas le tiers du bois ou des matières portés dans leurs marchés. Si ce qu'ils ne fournissent pas, profitait au gouvernement, c'est-à-dire, si le gouvernement ne payait pas ce qui n'est pas fourni, il n'y aurait pas grand inconvénient à laisser les choses dans l'état où elles sont. Mais les entrepreneurs achètent à vil prix, des quartiers-maîtres, des bons de fournitures, et ils se font payer comme si réellement ils les eûssent faites.

En établissant une retenue sur la solde pour cette fourniture, on s'affranchira de cette malversation ; et le gouvernement qui en fait les fonds, aura au moins la certitude qu'ils ne seront délivrés à l'entrepreneur qu'autant qu'il aura fourni, car le soldat qui, par la retenue, paiera son chauffage, sera exact à prendre sa distribution; ou, si la distribution ne lui est pas faite, il aura le soin de faire suspendre la retenue.

Cette proposition est toute en faveur des militaires ; et je ne vois pas pourquoi on ne leur accorderait pas la préférence sur des fournisseurs à qui le gouvernement ne doit rien autre chose, que le prix de ce qu'ils ont effectivement livré.

La matière que je traite est bien éclaircie. Dans l'application on dira aux militaires : « Votre » solde sera fixée à une somme déterminée. » Il vous sera fait trois retenues : la première, » pour les fournitures d'habillement et d'é- » quippement ; la seconde, pour l'entretien de » ces mêmes effets ; la troisième, pour votre » chauffage. La quotité des effets qui vous » seront fournis, et de ceux qui seront ré- » parés moyennant ces retenues, sera déter- » minée par un réglement. Si vous négligez, ou » si vous vendez vos effets, on y pourvoira ; mais » on vous fera payer par une nouvelle rete- » nue, ceux qui vous seront de nouveau dis- » tribués. Si au contraire les masses ne sont » pas épuisées, ce qui sera une preuve du » soin que vous aurez eu de vos effets, vous » aurez votre portion dans les bénéfices. » Les conseils d'administration de vos corps » seront chargés de cette gestion intérieure ».

Croit-on que les militaires n'eussent pas

facilement saisi cette théorie, et que toutes
les volontés n'eûssent pas été liées à sa stricte
exécution ? Dès-lors il est démontré qu'on eût
attaché le soldat à sa tenue, et les conseils d'administration à l'intérêt des corps dont ils auraient véritablement régi la chose, et qu'il
se serait établi de part et d'autre, des rapports de surveillance qui eûssent amené l'ordre
et l'économie. J'y trouve encore cet avantage :
qu'on aurait identifié les militaires avec leurs
corps, auxquels ils tiennent peu en ce moment; vérité qui se manifeste par l'indifférence avec laquelle ils en changent; indifférence
d'autant plus dangereuse, qu'elle les façonne à
la désertion.

Cependant, quoique par une conséquence
nécessaire de la retenue sur la solde, il faille
réunir à la masse de la solde proprement dite,
les masses qui doivent donner lieu aux retenues,
on se contentera d'en faire la réunion suppu-
tativement, et on se gardera bien de compter
aux conseils d'administration, le montant de
la masse de la solde, accrue de celles sur lesquelles on fera la retenue. On ne remettra à
ces conseils, que la portion de la solde dégagée
de toutes les masses, que cette portion qui
doit servir à faire le prêt. L'autre portion

restera entre les mains des payeurs de la guerre.

A la fin de chaque trimestre, on fera le décompte aux corps. Si les corps ont reçu plus d'effets qu'il ne leur en était dû, s'ils ont plus dépensé pour l'entretien qu'ils ne le devaient, on calculera le montant de cet excédent, pour lequel on fera une retenue sur la solde devant servir au prêt, le trimestre suivant. Si, au contraire, il y a des bénéfices résultans des économies des corps, on en fera la retenue sur les masses restées entre les mains des payeurs, et les corps en profiteront.

Ce sera sur la masse consacrée à l'entretien de l'habillement, restée entre les mains des payeurs, que les conseils d'administration recevront les fonds consacrés à cette dépense.

Ce sera de même sur les masses de l'habillement et du chauffage, restées entre les mains des payeurs, que le ministre tirera ses ordonnances pour l'acquittement de ces dépenses.

Enfin, en appliquant la théorie des masses à toute l'administration militaire, on fera une supputation générale des différentes masses, même de celles particulières aux corps ; on multipliera la force effective de l'armée par

le nombre de jours dont un exercice se compose;
on divisera le premier produit par le second,
ce qui donnera le quotient de dépense de chaque
homme par jour; et on dira au ministre:
« 1°. Vous rendrez le compte de l'emploi
» de toutes les masses; ce compte se réduira
» à présenter l'état des fonds faits pour chaque
» masse et celui des dépenses qui s'y rap-
» portent. Au premier aperçu, on reconnaîtra
» s'il y a bénéfice ou perte sur chaque masse;
» première donnée pour juger si vous avez
» bien ou mal administré. 2°. Vous rendrez
» le compte de la masse générale; ce compte
» présentera le résultat ou le quotient de la
» dépense effective par homme et par jour.
» On reconnaîtra de même au premier aperçu,
» s'il y a bénéfice ou perte sur la masse gé-
» nérale; seconde et dernière donnée pour
» juger si vous avez bien ou mal administré ».

Récapitulons, pour les rendre plus sensibles,
les résultats de cette discussion.

1°. On adoptera la théorie des masses, c'est-
à-dire, que toutes les fois qu'on arrêtera une
dépense, on en déterminera simultanément la
quotité et les fonds qui y seront affectés;

2°. On rétablira les retenues sur la solde,
dans les cas seuls où l'intérêt du gouvernement,

la meilleure tenue et l'avantage des militaires,
l'exigeront;

5°. On conservera, pour le paiement de
la solde des hommes absens, malades aux
hôpitaux, ou voyageant isolément, des formes
particulières; on ne les rappellera jamais à la
solde de présence.

SECTION III.

De la solde considérée comme traitement pécuniaire.

Je ne remonterai pas aux temps qui nous
ont précédé, pour savoir précisément à quelle
époque la solde a été introduite dans nos armées; comment elle s'est généralisée, quelle
en a été primitivement la quotité, quels degrés
d'accroissement elle a eus, enfin quelles en ont
été les règles. Cette recherche, qui tiendrait
seulement à l'érudition, pourrait plaire à celui
qui voudrait tout approfondir, tout embrasser
dans cette partie, lorsqu'elle ne serait qu'une
redondance scientifique, inutile à l'administrateur qui, se renfermant dans le cercle de ses
devoirs, ne doit connaître que les principes
pour en faire l'application à l'ordre établi et
en étudier les avantages et les vices.

La première loi qu'il faut consulter sur la solde considérée comme traitement pécuniaire, est celle du 2 thermidor an 2, parce que cette loi en ayant changé toutes les règles administratives, ce ne serait qu'en passant par un état de désordre, qu'on pourrait arriver à de nouvelles ; mais bien plus encore, parce que cette loi a porté ces règles à un haut degré de perfection.

Cette loi a opéré sur-tout deux innovations frappantes :

La première, de généraliser la dénomination *de solde* et sa quotité à raison des armes et des grades : mesure bonne et louable, puisqu'en même temps qu'elle est juste, elle est politique, en ce qu'elle a éteint des distinctions qui étaient au moins déplacées.

La seconde, de ne faire payer dans les corps, la solde que sur le pied de l'effectif présent, lorsqu'autrefois elle se payait, comme je croyois l'avoir déjà dit, sur le pied de l'effectif (1) ; d'où il arrivait que les

_____

(1) On appelle le grand complet d'un corps, l'état de force que la loi a déterminé ; l'effectif, le nombre d'hommes dont se trouve réellement composé le corps,

absens avaient droit à cette solde, et devaient
y être rappelés, lorsqu'à présent ils la touchent hors des corps et d'après des formes
particulières.

Malheureusement, tant il est difficile d'arriver, dès le principe, au mode le meilleur,
cette loi avait établi trois espèces de solde,
toutes d'un taux différent, à raison de la
position des militaires ; savoir : la solde de présence, la solde des absens et la solde des malades à l'hôpital ; ce qui présentoit trois soldes
dans la solde, et en compliquait extraordinai-
rement la comptabilité.

Une loi postérieure, celle du 25 floréal
an 5, a détruit cet inconvénient en rendant
la solde, une pour toutes les positions des
militaires. Cette loi et celle du 2 thermidor,
forment en ce moment la législation de la
solde considérée comme traitement. Les règles
que ces lois établissent, sont les meilleures
et tellement simples, qu'on doit en grande
partie les suivre. Je vais, par cette raison,

_____

ce qui comprend les militaires absens légitimement
et malades ; l'effectif présent, les hommes effectivement présens aux drapeaux.

me borner à les exposer succinctement, sauf à établir les exceptions, lorsque la discussion les amènera sous ma plume.

ARTICLE I.

De la solde des officiers.

La solde des officiers est une dans toutes les positions.

Cette solde consiste en une somme fixe en numéraire, qui se paie le premier de chaque mois, pour le mois échu, sur des états nominatifs, certifiés par les conseils d'administration des corps et visés par les commissaires des guerres.

Les officiers n'ont droit à aucune distribution en nature.

Les officiers qui ont droit à des rations de fourrages, reçoivent un franc d'indemnité pour chaque ration.

Le logement leur est fourni par la république.

Lorsque les officiers sont en route avec leurs corps, ils ne reçoivent pas l'étape; on leur accorde par jour, une indemnité qui croît à raison de la force des traitemens affectés à leur grade.

Les officiers absens de leurs corps, touchent leur solde sur des revues particulières. Ils sont tenus d'avoir chacun un livret paraphé par un commissaire des guerres, où se couchent les sommes qui leur sont payées.

La loi ne s'est pas expliqué sur la retenue qu'on doit faire aux officiers malades dans les hôpitaux ; on a eu recours à un ancien réglement du 20 juin 1792, qui la fixe ; et l'objet a été rempli.

Cette solde, déduction faite de la retenue, est payée, par le payeur le plus voisin, sur le billet de sortie de l'hôpital, visé par un commissaire des guerres. Il serait plus prudent d'assujettir les officiers à rejoindre leurs corps, et de ne payer cette solde qu'autant que les conseils d'administration auraient visé le billet d'hôpital.

Les dispositions pour la solde des officiers sont les mêmes aux armées ; on leur accorde cependant, à titre de supplément, des rations de pain, viande, légumes, bois et fourrages, dans les quantités déterminées pour leurs grades respectifs.

La solde des officiers, étant absolument

étrangère au matériel de l'administration, devrait être l'objet d'une loi particulière, et il
ne faudrait jamais confondre dans les dispositions de cette loi, celles qui sont relatives
à la solde des sous-officiers et soldats.

ARTICLE II.

De la solde des sous-officiers et soldats.

La solde des sous-officiers et soldats est
une dans toutes les positions : elle varie
seulement à raison des armes et des grades ;
c'est-à-dire, que la solde des sous-officiers est
plus forte que celle des soldats, et que celle
de la cavalerie est autre que celle de l'infanterie.

Cette solde consiste en une somme fixe en
numéraire et en fournitures de pain : celles-ci
se distribuent généralement tous les deux
jours ; la solde proprement dite se compte
par avance le premier de chaque décade,
aux conseils d'administration, sur les feuilles
de prêt, constatant l'effectif présent, certifiées
par ces conseils et visées par les commissaires
des guerres.

Ce mode cependant entraîne beaucoup

d'abus ; lorsque je parlerai de comptabilité de la solde , je ferai sentir la nécessité de n'employer les feuilles de prêt que pour les paiemens provisoires , et de n'admettre en définitif dans cette comptabilité que des revues que , par cette raison , j'appellerai revues comptables.

La distribution de la solde, c'est-à-dire, le prêt est fait à la troupe, tous les cinq jours, par les quartiers-maîtres des corps.

Les troupes reçoivent pour supplément de solde dans les armées , ou lorsqu'elles sont en marche dans l'intérieur , des distributions de viande , riz, légumes , bois et fourrages.

Les sous-officiers et soldats, marchant isolément en route, reçoivent pour toute solde et indemnité , une somme déterminée par chaque lieue.

Cette indemnité leur est payée sur des coupons détachés de leurs ordres de route.

Ce que je viens de dire des feuilles de prêt, s'applique aux coupons; on ne les regardera pareillement dans la comptabilité que comme des pièces provisoires. La revue de chaque corps doit seule constater la quantité des militaires en route.

Enfin, il est retenu aux sous-officiers et

soldats, pour le temps qu'ils restent aux hôpitaux, les deux tiers de leur solde. Le surplus est acquitté à leur retour au corps, entre
les mains des quartiers-maîtres, sur un état
nominatif, certifié par les conseils d'administration et appuyé des billets de sortie des
hôpitaux.

Dès l'instant qu'on avait cru devoir supprimer les masses et les retenues, il ne devait pas être question dans les lois relatives
à la solde, des effets d'habillement, d'équippement et de leur entretien. Il est urgent
de réparer cette omission, et d'en faire l'objet d'une loi nouvelle : sa rédaction sera d'autant plus facile que les dispositions qu'il faudra arrêter, ne contrarieront pas celles prises
pour la solde considérée comme traitement.

CHAPITRE III.

Des traitemens militaires.

LES traitemens militaires sont de deux espèces : ceux des employés militaires dont les fonctions et les traitemens sont déterminés par la loi ; et ceux des autres employés nécessaires au service, mais dont la loi n'a pas parlé nominativement.

Le traitement des premiers, est assimilé à la solde et s'acquitte immédiatement par les payeurs de la trésorerie ; chaque partie prenante doit être munie d'un livret. Le traitement des autres n'est payé que sur les états de distributions, arrêtés par le ministre.

Ces traitemens s'acquittent sur des revues particulières, appuyées des commissions ou des certificats de service.

Ces explications suffisent pour une matière qui, ne portant que sur des détails, doit seulement être indiquée dans cet ouvrage.

CHAPITRE IV.

Des fournitures militaires.

Les fournitures ou munitions comprennent tout ce qui est nécessaire à l'entretien et à la consommation d'une armée, et aux moyens de soutenir une guerre.

Entre les fournitures, celles qui servent à la nourriture des hommes et des chevaux, sont les plus importantes ; car on conçoit que les autres peuvent manquer sans présenter d'autres inconvéniens, que d'exposer à des privations momentanées les soldats, et retarder de quelques instans le cours de la victoire. Si l'on est privé d'alimens, non-seulement l'armée la plus formidable ne doit plus espérer de succès; mais le désordre, suite nécessaire de la famine, opérerait encore sa défection totale.

Laissons parler sur ce sujet deux des plus grands hommes de guerre, des temps modernes.

« Celui qui a le secret de vivre sans man-
» ger, dit Montécuculi, peut aller à la guerre
» sans provision : la famine est plus cruelle
» que le fer, et la disette a ruiné plus d'armées
» que les batailles. On peut trouver des re-
» mèdes pour tous les autres accidens, mais
» il n'en est point pour le manque de vivres;
» s'ils n'ont pas été préparés de bonne heure,
» on est défait sans combattre ».

« Les armées qu'on assemble de nos jours,
» dit Frédéric, sont des émigrations de peu-
» ples qui voyagent en faisant des conquêtes,
» dont les besoins, qui se renouvellent chaque
» jour, veulent être satisfaits. Ce sont des na-
» tions entières ambulantes, qu'il est plus
» difficile de défendre contre la faim que
» contre leurs ennemis. Les desseins d'un
» général se trouvent par conséquent en-
» chaînés à la partie des subsistances, et
» ses plus grands projets se réduisent à des
» chimères héroïques, s'il n'a pourvu avant
» toutes choses aux moyens d'assurer les
» vivres ».

L'opinion de ces maîtres de l'art doit fixer
la nôtre et nous donner la juste mesure de
l'importance des subsistances militaires. L'ordre
des matières m'appelle à en parler.

CHAPITRE V.

Des subsistances militaires.

LES subsistances militaires se divisent en deux branches : la première, se désigne par le mot générique , *vivres* ; la seconde, par celui de *fourrages*.

Dans le service des subsistances, on distingue deux opérations ; celle d'approvisionnement et celle de manutention.

Dans le systême des régies , ces deux opérations sont cumulées dans les mêmes mains : en même temps que le régisseur achète , il consomme ; ce qui lui donne toute la latitude possible pour doubler et tripler même les fournitures, par des consommations fictives.

Dans le systême des entreprises, le fournisseur achète pour soi-même, car la réunion des deux opérations d'approvisionnement et de manutention, n'a pour but que la fourniture de la ration manutentionnée.

Cependant le système de l'entreprise se plie aux différentes positions où l'on se trouve ;

ainsi, si l'on a de grands approvisionnemens amassés de longues mains, si des magasins de l'armée ennemie sont tombés au pouvoir des vainqueurs, l'entreprise pourra se borner à la manutention.

Rapprochons ces principes de la pratique.

CHAPITRE VI.

Des vivres.

ON comprend sous la désignation de *vivres*, les vivres-pain, les vivres-viande, et les approvisionnemens extraordinaires. Je vais traiter de chacun de ces services particulièrement.

CHAPITRE VII.

Des vivres-pain.

SECTION PREMIÈRE.

Division de ce chapitre.

LE service des vivres-pain, doit se considérer sous deux rapports : le premier, sous celui de la fourniture du pain dans les divisions militaires de l'intérieur; le second, sous celui de cette fourniture dans les armées.

Je ne dirai pas comment le pain de munition doit être composé ; quel doit être le poids de la ration ; quelles quantités sont affectées à chaque grades, etc. : ces détails se trouvent par - tout. Trop d'écrivains les prenant pour le fond de la science administrative, les ont rebattus jusqu'à la satiété : ils y entrent, j'en conviens, mais à peu près comme le procédé mécanique de préparer de la chaux ou de

tailler des pierres, figure dans l'art de l'archi-
tecture.

SECTION II.

De la fourniture du pain dans les divisions militaires de l'intérieur.

Je renvois à traiter cette matière, lorsque
je parlerai de l'administration militaire considérée dans l'état de paix. Je pose néanmoins,
comme règle fondamentale, que ce service sera,
dans toutes les circonstances, entièrement
distinct de celui des armées.

SECTION III.

De la fourniture du pain dans les armées.

J'ai dit que dans le service des subsistances,
dans lequel se trouve compris celui des vivres-
pain, on distingue deux opérations ; l'approvisionnement et la manutention : dans le service
des vivres-pain, aux armées, on en remarque
encore une troisième, celle de sa distribution sur tous les points de l'armée.

Dans l'ancien ordre de choses, ce service

était toujours fait par entreprise. Il embrassait la fourniture et la manutention ; on y joignait aussi les équipages pour le transport.

Quel ensemble vaste et quelle complication dans les détails, une pareille entreprise ne présentait-elle pas ? Elle est presqu'au-dessus des forces humaines ; et il est rarement arrivé que des entreprises de cette nature n'aient pas donné lieu à des demandes en résiliation ou en indemnité.

Les auteurs conviennent tous de la difficulté de mener à leurs fins, ces entreprises ; mais au lieu de concevoir la division des branches de ce service, ils ont cherché à les faire marcher de front. Dès-lors ils n'ont pû croire en assurer l'exécution, qu'en la confiant à des hommes d'un talent supérieur ; aussi, dans la définition qu'ils font du munitionnaire, exigent-ils qu'il ait : « un génie vaste, le ju-» gement sûr, le coup d'œil prompt, l'aptitude » aux affaires et la célérité dans l'expédition ». Ils ajoutent ensuite : « A peine compte-t-» on deux hommes qui aient rempli l'idée » qu'on se forme du parfait munitionnaire (1) ».

---

(1) Ces auteurs citent les *Jacquier*, les *Paris-Duverney*. Sans vouloir nuire à la réputation de ces

Je partage en tout cette opinion, et je voudrais aussi qu'on réunit au service des vivres-
pain, celui des équipages de transport; car il
est bien évident que les transports sont un
moyen nécessaire, un accessoire identique de
ce service, et que si le même esprit en dirige
les opérations, elles concourront simultanément
au but commun, lorsque leur division pourrait
pallier des manques de service, dont chaque
chef se renverrait le tort. Le gouvernement
emploiera donc ce système toutes les fois qu'il
trouvera des hommes assez forts pour en assurer l'exécution.

Cependant, comme il est rare de trouver
des hommes au-dessus de la sphère ordinaire,
et dangereux de former des entreprises trop
vastes, on reviendra plus souvent à une sage
division qui consistera à ne pas réunir au service des vivres-pain, celui des équipages de
transport, et à séparer les approvisionnemens
de la manutention, lorsque les circonstances
le permettront.

---

administrateurs, on peut croire qu'ils eussent été
fort embarrassés, s'ils se fussent trouvés dans des
circonstances aussi difficiles que les nôtres.

Les partisans de la régie diront peut-être:
nous l'admettons aussi cette division; nous vou-
lons bien convenir qu'il serait dangereux de
charger un régisseur des approvisionnemens,
mais nous soutenons que le service manutentionnaire ne peut jamais être mieux fait que
par lui, parce que le fait de la fourniture ne
demande que des connaissances mercantilles,
lorsque celui de la manutention en exige d'administratives, et l'habitude des armées que
n'auraient pas des négocians.

Je conviens de la justesse de cette distinction; mais j'ajoute que le gouvernement ne doit
jamais abandonner des marchés de cette espèce,
à des hommes qui ne lui présenteraient pas
toutes les sortes de garantie, et j'ai de la peine
à croire qu'il fût des négocians assez téméraires
pour s'en charger seuls. Des opérations de cette
importance, exigent une réunion d'hommes qui
mettent en commun leurs facultés pécuniaires
et intellectuelles, et qui se distribuent le travail
à raison de leurs connaissances et de leur capacité.

Je ne me dissimule pas que cette division, de
la fourniture par entreprise et de la manutention par régie, a quelque chose de séduisant;
car il paraît au premier coup d'œil, que le

gouvernement tenant sous sa main les matières premières, les suit jusqu'au moment de la consommation qui ne s'effectue même que par ses soins. Mais il ne faut pas s'arrêter à la superficie d'une proposition; il faut l'examiner sous toutes ses faces. Or, si l'on confie le service manutentionnaire à un régisseur, l'on retombera dans les vices inhérens aux régies; et voici le plus hideux dont on ne pourra jamais se défendre.

On aura trente ou quarante gardes-magasins consommans. Il faut le dire, il n'est aucune puissance humaine qui les empêche de porter leurs consommations au-dessus de leur quotité réelle. Que feront-ils de cet excédent? Ils s'entendront avec les fournisseurs et donneront des récépissés qui leur seront largement payés, d'approvisionnemens qui n'auront pas été faits, ou de matières qui n'auront pas été délivrées: si par extraordinaire, ils ne trouvaient aucun fournisseur qui voulût composer avec eux, ils vendraient les denrées. Que de faits ne pourrait-on pas citer à l'appui de cette assertion!

L'on m'observera que cet inconvénient se retrouvera dans l'entreprise manutentionnaire. Il faut l'avouer, il est tellement identifié avec cette branche d'administration, qu'on ne peut espérer de l'en détacher entièrement. Mais de deux maux, il faut choisir le moindre : or, dans le système de l'entreprise manutentionnaire cet abus n'ira pas aussi loin, parce que toute la pensée, toute l'action étant dans la tête et dans la main de l'entrepreneur, il ne travaillera que pour lui dans cette coupable malversation. Quelque soit maintenant la soif d'argent qu'on lui suppose , elle sera plutôt satisfaite que celle de quarante individus qui ont encore à leur suite autant de fripons subalternes.

Dans tout ceci, la grande vérité est que , ne pouvant trouver aucun mode qui détruise tous les abus , il faut adopter celui qui en comporte le moins. Sous ce rapport, l'entreprise mérite la préférence, parce qu'elle amène la perfection du service, ne porte en soi aucun germe productif de contagion , et resserre en quelques mains, s'il est vrai qu'on ne puisse pas en trouver de pures, des dilapidations nécessairement plus étendues et systématisées d ns les régies.

Une entreprise pour les approvisionnemens se réduit dans les conventions à des termes si simples, que le gouvernement ne pourra jamais être trompé, ni un fournisseur intelligent lézé.

L'entreprise manutentionnaire présente plus de difficultés, parce que le service se complique à raison de la force et des mouvemens d'une armée. Néanmoins le gouvernement y trouvera cet avantage, de se débarrasser de toutes les infidélités auxquelles une gestion intérieure l'exposerait : les entrepreneurs y resteront seuls exposés, parce que seuls ils seront chargés des détails du service ; mais l'intérêt personnel leur apprendra à s'en défendre.

Si l'on réunit les approvisionnemens à la manutention, le marché embrassera cumulativement les deux opérations, c'est-à-dire qu'on y déterminera un prix fixe pour la ration de pain manutentionnée.

Enfin, si l'on ajoute à l'entreprise le service des transports, on en fixera les prix par jour et par têtes d'animaux ; et la quantité des hommes, des chevaux et des voitures employés, sera constatée par des revues.

Il est cependant des circonstances où il faudra renoncer aux voies ordinaires, pour nourrir une armée ; lorsque, par exemple, précédée de la victoire, elle s'avancera avec précipitation sur le territoire ennemi. On emploiera alors, pour assurer les approvisionnemens, les réquisitions en nature, moyen violent qui trouve son excuse dans la nécessité. Les ordonnateurs mettront leur attention toute entière à faire constater ces réquisitions, afin qu'on puisse en faire rendre compte aux chefs de service, et qu'ils ne portent pas en dépense les objets requis, comme s'ils les eussent fournis.

Dès que l'armée aura pris, dans le pays conquis, une assiette fixe, on renoncera aux contributions en nature, pour en lever en argent; la perception de celles-ci est moins dure, moins arbitraire et plus générale. Le vainqueur paiera tout ce qui lui sera nécessaire; la confiance et le crédit s'établiront; l'argent reprendra sa circulation; les calamités de la guerre deviendront moins sensibles, et des rapports d'intérêt cimenteront entre le vainqueur et le vaincu, une harmonie que la politique ou le régime militaire seul, n'eussent jamais produite.

Je pourrais omettre de parler de la fourniture du biscuit, qui n'est qu'une espèce de pain préparé d'une manière particulière, et auquel on donne deux cuissons, parce qu'il n'est pas la nourriture ordinaire du soldat. L'usage en est cependant quelquefois indispensable et tellement avantageux, que plusieurs généraux auraient voulu l'introduire dans nos armées (1).

Les approvisionnemens du biscuit sont les mêmes que ceux des vivres-pain; le soin de la manutention doit être laissé à l'entrepreneur de ce dernier service.

La préparation du biscuit ne doit avoir lieu que sur les ordres des généraux et des commissaires-ordonnateurs en chef.

Chez les peuples qui se préparent du pain avec de la bouillie (2), ou qui se nourrissent avec du millet calciné au feu (3), cet aliment serait inutile : il l'eût encore été parmi nous, dans le commencement du seizième siècle, où l'on a vu de petites armées s'introduire dans le cœur de l'Allemagne, et le soldat français s'y nourrir d'un pain préparé de ses mains. Nos armées sont trop peu sobres , pour se contenter de cette espèce de nourriture; ou tout au moins, leur genre de sobriété ne s'en accommoderait pas.

---

(1) Notamment le maréchal de Saxe,

(2) Les Russes.

(3) Les Tartares.

CHAPITRE VIII.

Des vivres-viandes.

LA fourniture de la viande n'a lieu que dans les armées : elle entre aussi dans le service des étapes, dont je parlerai bientôt.

Cette fourniture est la seule où la division d'approvisionnement et de manutention, soit impraticable. En effet, l'estimation des quantités livrées ne pourrait avoir lieu qu'après le *matage* des bestiaux; et cette opération est déjà manutentionnaire.

Le marché, pour cette fourniture, se réduira donc à celle de la ration manutentionnée.

Pour remplacer la viande, l'on a essayé plusieurs fois de faire distribuer à la troupe de la poudre de viande. Les expériences qu'on a faites (1) ont donné pour résultats, qu'une

(1) Le ministre *Louvois* est le premier qui s'en soit occupé ; il avait fait construire de grands fours pour recevoir la viande ; ces fours étaient chauffés à un feu ardent.

once de poudre, bouillie dans l'eau, suffisait pour quatre hommes, et qu'une livre de
viande fraîche donnait une once de poudre.

Il serait digne de la sollicitude du gouvernement de renouveler ces expériences,
actuellement sur-tout, que les lumières acquises dans la physique, pourraient offrir
des procédés plus prompts et plus économiques. On sent assez de quelle utilité cette
poudre serait, au moins dans les marches
forcées et pour l'approvisionnement des places
de guerre.

CHAPITRE IX.

Des approvisionnemens extraordinaires.

LE service des approvisionnemens extraordinaires se divise en deux parties : service des places de guerre et service des armées.

Ces services doivent être faits par entreprise.

ARTICLE PREMIER.

Service des places de guerre.

Les approvisionnemens extraordinaires, dans les places de guerre, se calculent sur la force des garnisons et la durée présumée des siéges.

Ces approvisionnemens sont sous la responsabilité des commissaires – ordonnateurs, qui doivent informer le ministre de la guerre de la situation des places à cet égard, et ne pas souffrir qu'on en détourne les approvisionnemens qui y sont en réserve.

Les places de guerre doivent être déterminées par une loi.

ARTICLE II.

Service des armées.

Les approvisionnemens extraordinaires nécessaires au service des armées, se réduisent
au vin, au vinaigre, à l'eau – de - vie, etc.

Les troupes qui font partie d'une armée
active, ont seules droit à la distribution de
ces liquides.

Ces distributions ne doivent être faites que
sur les réquisitions et sous la responsabilité
des généraux et commandans militaires.

CHAPITRE X.

Des fourrages.

JE ne dirai qu'un mot sur la fourniture du fourrage, parce que les principes qui s'appliquent à celle des vivres-pain, lui sont communs. Je ferai cependant observer que généralement on fera bien de réunir la manutention à la fourniture, parce que leur division ou leur manipulation, par différentes personnes, doublerait les déchets, dont les faux frais retomberaient en dernière analyse, sur le gouvernement.

Les marchés, pour cette fourniture, se réduiront aussi à la ration manutentionnée.

Dans le service des fourrages, comme dans ceux des subsistances en général, la composition des rations, leur poids, l'ordre des distributions, sont des objets purement réglementaires.

CHAPITRE XI.

Des effets de campement.

ON comprend sous cette dénomination les tentes, les ustensiles et les outils nécessaires aux militaires, lorsqu'ils sont campés (1).

On appliquera à la fourniture de ces effets, le systême de l'entreprise, le seul qui lui convienne : le marché n'aura lieu que pour les objets confectionnés.

Dès qu'on entrera en campagne, le commissaire général de l'armée organisera le service de distribution de ces effets, et les fera répartir dans des entrepôts rapprochés des lieux où on pourra en avoir besoin.

Ces entrepôts seront mis sous la police des commissaires ordinaires des guerres.

La distribution des effets de campement sera faite au corps, sur des états certifiés par

---

(1) Les ustensiles sont les marmites, les bidons; les outils sont, les pêles, les pioches, les haches, etc.

les conseils d'administration et appuyés des extraits des revues passées par les commissaires des guerres chargés de la police des corps.

On rendra les chefs des corps responsables de ces effets, ainsi que des dégradations que commettraient leurs subordonnés : lorsque l'usure en aura endommagé quelques-uns, on les changera.

L'entretien et les réparations des effets de campement, ne portant pas sur des objets déterminés, ne pourraient point être donnés à entreprise. Les commissaires généraux établiront à la suite des armées, des atteliers de réparation, à proportion des besoins.

Ceux qui voudraient en savoir davantage sur ce service, pourront consulter l'instruction du 28 nivôse an 2; ils y apprendront » que les marmites et leurs casserolles sont de » fer battu, que les gamelles et les bidons sont » de fer blanc, que les toiles craignent les rats » et *les souris*, que les couvertures de laine » craignent les mittes et *autres insectes dé-* » *vorans*, etc. ». Mais prendront-ils des détails aussi minutieux, pour des vérités utiles en administration? il est permis d'en douter.

Je dois parler encore de la paille qui se

distribue dans les armées, pour le coucher des militaires.

Cette fourniture est trop peu importante, pour en faire l'objet d'un marché particulier; on la réunira à l'entreprise générale des four-rages.

Si on réfléchit que la paille est dans les armées, le seul lit, le lit habituel des mili-taires, on s'intéressera à ce qu'elle leur soit régulièrement fournie; si on apprend ensuite que souvent elle leur manque, et qu'alors ils reposent sur la terre nue, on s'intéressera vivement à ce que le gouvernement ne cesse de veiller sur le sort des défenseurs de la république, pour qu'il ne soit pas empiré, puisqu'il est vrai qu'aux armées, il ne peut jamais être très-doux.

CHAPITRE XII.

Des effets d'habillement et d'équippement des troupes.

LES effets d'habillement et d'équippement comprennent l'habillement proprement dit, le grand et le petit équippement (1).

Aucun service n'a essuyé plus de vicissitudes dans sa tenue que celui-ci ; dans l'ancien ordre de choses même, où l'administration marchait d'après des plans assez fixes, il n'en a pas été exempt.

Tantôt on a vu les capitaines des compagnies, chargés de l'achat des étoffes et de la confection de l'habillement et de l'équippement ; tantôt cette opération a été confiée aux majors des régimens. Quelquefois, ce service

---

(1) L'habillement, proprement dit, comprend l'habit, la veste, la culotte et le chapeau ; le grand équippement comprend la buffeterie de toutes les armes ; le petit équippement comprend le linge et la chaussure.

a été mis en régie; quelquefois il a été donné à entreprise. Il est arrivé aussi qu'on a divisé les approvisionnemens ou la fourniture des matières, de la confection; alors des régisseurs ont été chargés de faire les approvisionnemens pour le compte du gouvernement, lorsque les conseils d'administration étaient chargés de confectionner pour le compte des corps (1).

Je dois faire observer que, dans tous ces cas, on déterminait la masse des fonds qui devaient faire face à ces fournitures, de même que les retenues à supporter individuellement par les sous – officiers et soldats de chaque corps.

Pendant la révolution, à cette époque mémorable où l'enthousiasme de la liberté fit surgir spontanément une infinité de corps militaires, on les chargea tous, anciens ou nouveaux, de travailler à leur habillement. Ce mode, qui pouvait convenir dans un temps calme et ordinaire, où tous les besoins étant

---

(1) Ordonnance et réglement concernant la régie de l'habillement et équippement des troupes, du 19 septembre 1784.

connus, les dépenses l'étaient aussi, devait être infiniment irrégulier et dispendieux pour les circonstances extraordinaires où l'on se trouvait. Aussi ne fût-on pas long-temps à sentir vivement les abus de cette espèce d'administration.

On y substitua une régie générale chargée de la fourniture des effets d'habillement et d'équippement, confectionnés. On fut plus loin ; on supprima les masses consacrées à ces dépenses, et on fit délivrer ces effets aux militaires sans établir de retenues sur leur solde.

Une régie si indéterminée amena des abus, pour le moins aussi effrayans que ceux qui avaient caractérisé l'administration des corps : alors on a adopté le systême de l'entreprise; mais on n'a rétabli ni les masses ni les retenues.

Pourquoi tant et tant de variations dans ce service ? Sans doute si ces épreuves ne coûtaient rien au trésor public , il serait peut-être utile de rejeter le secours de la théorie , pour essayer toutes les idées dans la pratique ; mais si l'on réfléchit qu'une seule mesure inconséquente occasionne des dépenses énormes, on reste convaincu qu'il faut raisonner long-temps avant d'agir. Raisonnons donc et recherchons quel peut être le meilleur mode d'administration pour ce service.

Ces modes se réduisent à trois : l'administration des corps, la régie et l'entreprise.

ARTICLE PREMIER.

De l'administration des corps.

Si on confie l'administration des effets d'habillement et d'équippement aux corps, elle ne
peut être exercée que par les capitaines ou les
conseils d'administration. Cette gestion, entre
les mains des capitaines, les rapprocherait trop
des temps où ils étaient propriétaires des compagnies ; à cette différence près, dans l'une et
l'autre hypothèse les abus seraient les mêmes.

L'abus le plus grave, celui qui dispense de
parler des autres, c'est qu'on transformerait
les militaires en marchands, puisqu'ils seraient
chargés de l'achat des matières premières.
Mais ne doit-on pas craindre qu'ils ne soient
trompés dans leurs marchés, et que les matières
qu'ils emploieront, ne soient défectueuses ?
s'ils s'y entendent : n'a-t-on pas changé leur
destination, et n'est-il pas dangereux de les
façonner à des habitudes mercantilles et d'atténuer par l'appas du gain, l'esprit de désintéressement qui doit les caractériser ?

Qu'on ne s'y trompe pas : tel militaire qui crie hautement contre tout ce qui appartient à l'administration, tiendrait souvent une conduite répréhensible, si des opérations de ce genre lui étaient confiées. C'est une grande vérité que, depuis le législateur jusqu'au moindre fonctionnaire public, chacun doit être resserré dans l'esprit et les limites des devoirs de sa place; et il serait aussi impolitique au gouvernement de les laisser franchir, qu'il est ridicule de voir une portion des citoyens, faire de l'état des autres, la thèse de sarcasmes injurieux et d'une diffamation qui, dès qu'elle est générale, est injuste et déplacée. Malheur au peuple chez lequel les nuances qui ressortent des différentes professions, ne sont pas saisies ; la considération, l'estime et l'opinion publiques y sont prisées à rien ; l'argent y est compté pour tout : eh ! quelle pourrait être la fin d'un tel peuple !

ARTICLE II.

De l'administration par régie.

J'ai déjà fait connaître les abus du système de la régie en thèse générale : on peut facilement faire au service de l'habillement et de l'équippement, l'application des principes que j'ai développés ; ce rapprochement donnera la conviction que la régie ne lui convient nullement. Au reste, lors même qu'il n'existerait pas de règle sur cette matière, l'expérience du passé doit empêcher de retomber dans un système dont on a eu tant à se plaindre.

ARTICLE III.

De l'administration par entreprise.

Le système de l'entreprise sera employé quelquefois avec avantage , parce que c'est le mode d'administration qui présente le moins de complication et de développement de détails.

Dans ce cas, le marché aura pour objet la fourniture des effets confectionnés.

Je ne parlerai pas des précautions qu'il faudrait prendre pour s'assurer que les entrepreneurs fourniront des matières conformes aux échantillons, et qu'ils suivront dans la confection des effets, les modèles qui leur auront été donnés; je ne parlerai pas non plus de la police de ce service, ni des rapports des fournisseurs avec les corps militaires. Ces détails, quoiqu'infiniment intéressans, sortent de mon sujet, parce qu'ils tiennent plus à la partie mécanique de l'administration, qu'à sa théorie.

Cependant l'intérêt public, et il est temps de le compter pour quelque chose, fera insérer dans le marché, deux conditions essentielles : la première, que les entrepreneurs n'emploieront que des étoffes de fabrique nationale ; la seconde, qu'ils feront confectionner les matières dans la république, et qu'ils ne pourront, sous aucun prétexte, en tirer de confectionnées de l'étranger.

Jusqu'à présent, j'ai parlé du service de l'habillement et de l'équippement dans l'hypothèse de la réunion de la fourniture à la confection. Cependant ce service peut être divisé ; c'est-à-dire, qu'on peut faire pourvoir aux approvisionnemens des matières, d'une manière, et à leur confection, d'une autre : c'est le sujet d'une nouvelle discussion.

ARTICLE IV.

Du service de l'habillement et de l'équip-
pement, considéré dans l'hypothèse de la
division de la fourniture d'avec la con-
fection.

Il ne peut être question de diviser la fourniture d'avec la confection, dans le service
de l'habillement, que lorsqu'on a arrêté de
charger de cette dernière opération, les conseils d'administration des corps.

Cette mesure est bonne en soi ; car, dès
qu'on travaillera dans le sein des corps à
la confection de l'habillement, il est évident
que cette confection sera plus soignée, et
qu'elle sera plus adaptée aux besoins des
militaires. On se plaint avec raison que les
effets d'habillement sont mal conditionnés ;
ces plaintes cesseront : beaucoup d'effets sont
mis au rebut ; ces pertes n'auront plus lieu.

Dans l'hypothèse de cette division, le gouvernement n'aura plus à fournir aux corps
que les matières premières.

Cette fourniture sera faite par entreprise ;
mais ce ne sera pas parmi cette tourbe

d'hommes qui s'attachent aux affaires de cette
nature, que le gouvernement choisira des
fournisseurs : il traitera directement avec les
manufacturiers de France.

D'après l'exposition de ces différens modes
d'administration, on doit conclure que le
service de l'habillement doit être fait actuellement par entreprise, sans division de la fourniture d'avec la manutention, et que, si l'ordre reparaît jamais dans l'administration, on
pourra revenir à cette division, en assurant
les approvisionnemens par entreprise et en
chargeant les corps de la confection. Dans ce
cas, il y aurait une masse de plus à mettre
à la disposition des corps, celle de la confection de l'habillement.

CHAPITRE XIII.

Des dépenses d'entretien des effets d'habil-
lement et d'équippement des troupes.

LA loi du 2 thermidor an 2, avait déterminé le *maximum* de cette nature de dépense, par mois, pour chaque homme d'infanterie et de cavalerie.

Pour faire face à cette dépense, cette loi
avait ordonné que la masse d'entretien serait,
une première fois, faite aux conseils d'administration, au complet des corps.

Tous les mois, les conseils d'administration
devaient présenter les états de dépenses, appuyés d'une feuille de l'effectif; et c'est sur
ces états que ces dépenses leur étaient al-
louées.

Cet ordre a été interverti par un arrêté
du directoire, du 5 fructidor an 5, qui a déterminé une somme fixe pour chaque corps et
par chaque mois.

Les règles de la comptabilité sont restées les
mêmes.

Le mode, créé par la loi du 2 thermidor, était meilleur, en ce qu'il se rapprochait plus de la théorie des masses et des retenues : il faut y revenir, fixer les dépenses d'entretien par tête d'hommes, en faire une masse, **et** établir la retenue sur la solde.

CHAPITRE XIV.

Des bois et lumières.

ARTICLE PREMIER.

*Du chauffage dans les divisions militaires
et aux armées.*

Dans les divisions militaires, les sous-officiers et soldats ont seuls droit aux distributions du chauffage ; aux armées les officiers y participent.

Pour connaître les détails de ce service, il faut consulter le règlement du premier avril 1791, et celui du 20 pluviôse an 3.

Dans l'intérieur, on assurera ce service par des marchés passés dans les divisions et adjugés publiquement par les commissaires-ordonnateurs, en présence des administrations locales.

Aux armées, ce service sera fait par des entrepreneurs avec qui le ministre aura traité,

ou sera assuré par des coupes de bois que les
commissaires généraux ordonneront.

ARTICLE II.

Des bois et lumières pour le service des corps-de-garde.

On trouvera dans les réglemens dont je viens
de parler, les dispositions de détail, relatives à
la nature, à la police et à la comptabilité du
service des corps-de-garde.

Mais on n'y trouvera pas deux mesures qu'il
était bien essentiel d'adopter : la première,
d'assujettir les entrepreneurs de ces fournitures, à rapporter, comme pièces comptables,
les requisitions des commandans militaires,
pour constater la quotité des corps-de-garde
établis ; la seconde, de consulter les revues
passées des hommes effectivement présens sur
les lieux, pour connaître le nombre de ceux qui
ont pu monter journellement la garde.

Ces précautions ne seront pas inutiles pour
l'avenir et ne l'eussent pas été pour le passé, car
il n'est peut-être pas un décompte où les fournisseurs ne portent deux cents corps-de-garde,

là où il n'y en a réellement que cinquante,
et deux mille militaires y faisant le service
chaque jour, là où il ne se trouve présent aux
corps ou aux détachemens que quinze cents
hommes.

CHAPITRE XV.

Du logement des troupes.

LE logement doit être fourni aux troupes dans
dans les casernes et autres bâtimens nationaux :
à défaut de ces bâtimens, les officiers se logent
à leurs frais et en reçoivent le remboursement
en argent; les sous-officiers et les soldats sont
logés chez les habitans auxquels, dans ces cas,
on accorde une indemnité.

Les approvisionnemens des casernes, en lits
et autres ustensiles, doivent être faits par entreprise. Pour connaître les détails intérieurs de
ce service, on peut consulter la loi du 25 mai
1792, et le réglement du 5 thermidor an 2.

CHAPITRE XVI.

Des hôpitaux militaires.

L'ADMINISTRATION des hôpitaux se divise en deux parties : l'une administrative, l'autre curative. Celle-ci ne doit être exercée que par le talent et l'expérience ; il n'entre pas dans mon sujet d'en parler. L'autre présente cette question : confiera-t-on le service des hôpitaux à une régie, ou les fera-t-on administrer par entreprise ?

Loin d'ici des raisonnemens trop abstraits ! Ce n'est plus la sévérité des principes qu'il faut invoquer ; c'est le cri de la nature qu'il faut entendre. Confier les défenseurs de l'état, malades, à des entrepreneurs, les abandonner aux soins mercenaires de faiseurs de spéculations, c'est étouffer le cri de la nature ; c'est faire plus, c'est en violer les lois !

Qui donc a osé, le premier, faire succéder à la régie, l'entreprise, et vendre ainsi au rabais, la santé des hommes les plus précieux ? que son nom reste inconnu ! Honorons les actions généreuses et leurs auteurs, et jetons un crêpe de deuil sur celles qui affligent l'humanité et lui coûtent des souffrances et des larmes.

Que sont devenues, demanderai-je encore, ces richesses mobilières que les événemens, occasionnés par une révolution qui n'a pas d'exemple, avaient enlevées au clergé, pour leur donner une destination utile? Que sont devenues ces richesses mobilières, laissées par les nobles, en quittant leur patrie? Que sont devenues ces richesses des siècles, qui étaient la propriété de la république? elles ont disparu: les hospices sont dépouillés; et la nudité est dans les entrepôts, dans les salles, dans les infirmeries, par-tout enfin!!!

On n'emploiera pas non plus la régie intéressée; elle tendrait continuellement à se convertir en entreprise. Il ne s'agit point, dans ce service, de chercher à obtenir quelque diminution sur les prix des journées d'hôpitaux; de si petites spéculations sont au-dessous d'un gouvernement puissant et paternel, et elles éteindraient cette piété tutélaire qu'on doit aux militaires malades.

On établira une régie hospitalière; encore ne la chargera-t-on que du service manutentionnaire et des achats des drogues, sur lesquels reposent essentiellement le bien-être et le salut des militaires.

Toutes les fournitures mobilières (1) seront faites par entreprise ; on peut, sans inconvénient, les détacher de la partie manutentionnaire : ce mode même sera plus prompt et plus économique.

Dans les armées, les hôpitaux recevront une partie de leurs approvisionnemens, des fournisseurs des subsistances, ce qui simplifiera la comptabilité en deniers de la régie, et en resserrera les opérations.

Les constructions et les réparations des bâtimens, seront faites par le génie militaire.

Enfin, on réduira, le plus qu'il sera possible, le nombre des hôpitaux militaires ; on fera traiter les soldats dans les hospices civils, et on s'abonnera pour cette dépense, avec les administrateurs chargés de leur gestion.

Peut-être désirerait-on trouver ici des détails sur l'organisation des hôpitaux, sur leur division, sur leur emplacement, leurs mouvemens et leur administration intérieure ; ils

---

(1) Les lits, draps de lits, couvertures, linge de corps, etc.

seraient déplacés dans un ouvrage absolument didactique : ils sont, au reste, consignés dans divers traités, aussi répandus qu'instructifs.

Il ne reste plus qu'une difficulté à lever : où trouvera-t-on des hommes désintéressés, philantropes, à qui on remette un dépôt si précieux? Ah! gardons-nous de croire qu'il n'en existe plus! L'insensibilité, l'égoïsme, l'immoralité n'ont pas tellement germé que tous les cœurs soient froids, que toutes les ames soient mortes. Il est encore des hommes qui prisent le bonheur d'obliger leurs semblables, au-dessus des richesses; il est encore des apôtres de l'humanité, élevons lui des temples, et ses autels ne seront jamais déserts.

CHAPITRE XVII.

Des transports militaires.

LE service des transports militaires comprend cinq divisions :

1°. Les équipages d'artillerie,

2°. Ceux des vivres,

3°. Ceux des fourrages,

4°. Ceux des effets militaires,

5°. Ceux des ambulances.

Le service des transports, dans ses rapports avec les autres services, est le plus essentiel de tous, puisqu'il est la cause de leurs mouvemens.

Ce serait vainement que des entrepreneurs actifs auraient assuré les approvisionnemens, et que des manutentionnaires vigilans tiendraient à la disposition d'une armée, tout ce qui doit satisfaire ses besoins, si les équipages des transports ne sont là pour en établir la circulation sur tous les points.

Que de pertes, que de désordres, que d'effrayantes dilapidations n'ont pas amené la

confusion des idées et l'oubli des règles sur
cette matière ! Parlerons - nous des funestes
conséquences de la régie de l'an 2? Le mal
fut porté au point que dans ces temps-là même,
on ne crut pouvoir y appliquer de meilleur
remède, que l'établissement d'une entreprise.
Cette innovation ne fut pas heureuse ; elle ne
présenta qu'une régie plus vaste sous une désignation mensongère. Et l'on ne sait qui doit
le plus étonner, ou de l'imprévoyance de ceux
qui passèrent un pareil traité, ou de l'astuce
de ceux qui le surprirent (1).

Les principes généraux qui doivent diriger
l'administration des transports , se réduisent
à ceux-ci :

Donner à chaque service d'armée, ses moyens
de transports, c'est-à-dire, ses équipages propres;

Soumettre l'entrepreneur de chaque service
de transports, au chef du service auquel les
équipages seront affectés;

Exiger que les entrepreneurs soient propriétaires des chevaux et des caissons; les

---

(1) Marché présenté aux comités de salut public
et de finance , le 4 ventôse an 3, et accepté le 6 du
même mois.

charger de leur entretien, et leur payer, pour leur service, une somme déterminée par jour et par tête d'animaux ;

Assujettir les entrepreneurs à nourrir leurs chevaux; ou si cela est impraticable, établir cette règle: de ne jamais rembourser les rations non fournies, à moins que le paiement des décomptes ne soit imposé aux fournisseurs du fourrage, comme condition de leur marché;

Enfin, établir des parcs de réserve de voitures à loyer, pour aider, au besoin, tous les services de transports, et parer aux événemens majeurs.

On pourra réunir, dans quelques occasions, plusieurs branches de transports dans les mêmes mains. Cette réunion n'aura jamais lieu pour ceux de l'artillerie; ce service distinct des autres, entre dans le matériel même de cette arme.

Dans les circonstances urgentes, l'ordonnateur général pourra prescrire des prêts d'un service à l'autre.

Dans quelques marchés récents on a réuni le service des transports, au service auquel il était destiné; c'est-à-dire, que dans le service des vivres-pain, on a chargé les entrepreneurs de ce service, des équipages de transports. Jusques-là c'est très-bien, si ces entrepreneurs étaient des hommes capables et expérimentés.

Mais on n'a pas soumis le marché pour le service des transports, aux règles ordinaires ; on a alloué à l'entrepreneur un supplément en numéraire, pour chaque ration transportée.

On a donné pour motifs de cette innovation, que la force et les mouvemens des équipages de transports, ne peuvent jamais être bien constatés et qu'il en résulte des abus. Mais il existe des moyens de constater la force de ces services et leurs mouvemens, moyens qui sont dans les contrôles et les revues des commissaires des guerres ; lorsqu'il n'en est aucun, pour constater le transport de telle quantité de rations sur tels où tels points, à moins qu'on appelle pièce probante, le certificat isolé d'un chef militaire.

Pauvre et mauvaise ressource qui, ne pouvant guérir l'administration, la tue !

CHAPITRE XVIII.

Du service des postes dans les armées.

Une armée devant, en s'éloignant des fron-
tières, conserver ses relations avec l'intérieur
et le gouvernement, et en entretenir de réciproques parmi tous les corps qui la composent
et qui se trouvent répartis sur divers points,
souvent très-éloignés, on crée pour la sûreté
et la célérité de cette correspondance et du
mouvement des fonds qui s'y trouve lié, et
dont le secret et le maniement ne peuvent
être confiés aux directeurs des postes des pays
conquis, on crée, dis-je, un service extraordinaire.

Le premier devoir du chef de ce service,
est d'organiser à la suite du quartier-général,
un établissement ou bureau central d'où dépend un nombre de bureaux et de relais divisionnaires (1), que l'ordonnateur général fixe
à raison des besoins et des localités.

---

(1) Les bureaux ou relais divisionnaires sont des-
servis, ainsi que le bureau central, par un certain

Ce service ainsi établi, se divise en **deux** parties : l'une civile, comprend la distribution de toutes les dépêches qui arrivent à l'armée, la confection de toutes celles qui s'expédient de son sein et qui y circulent, et tout ce qui est relatif au travail intérieur des bureaux. Cette branche ressort directement de l'administration générale des postes de la république. L'autre branche, qu'on peut appeler active ou militaire, embrasse l'organisation du mouvement et du transport des dépêches confectionnées, soit ordinaires, soit extraordinaires; la formation et l'entretien des relais militaires (1) ; enfin, toutes les dépenses que nécessitent ces opérations. Celle-ci ressort immédiatement du ministère de la guerre, et les ordonnateurs généraux des armées, seuls juges de leurs besoins, sous ce rapport, en ont la direction.

---

nombre d'employés, de courriers, de chefs d'équipages, de postillons, de chevaux, de voitures et de fourgons.

(1) Je dis relais militaires, car souvent on n'emploie pas ceux des pays conquis, et généralement on en établit de nouveaux.

Dans la première branche de ce service, tout est recette; le recouvrement doit en être surveillé par un contrôleur qui représente l'administration générale. Tout est dépense dans la seconde, qui doit être mise sous la police immédiate d'un commissaire des guerres.

Ces branches sont tellement distinctes, qu'on sent qu'il est possible de les diviser ; cependant elles se rapprochent par tant de points de contact, qu'il doit être plus avantageux de les réunir.

La division paraît avoir été mise quelquefois en pratique (1); mais généralement on a adopté la réunion. Alors, l'agent s'est trouvé en même temps celui du ministre de la guerre et celui de l'administration : il comptait en entier à celle-ci de sa recette, et au ministre, de ses dépenses, et recevait pour y faire face, des fonds, de la caisse de l'armée.

_____

(1) Guignard dit, dans son *Ecole de Mars*, que les opérations de la correspondance d'une armée, étaient confiées jadis à un directeur, qui avait sous lui un nombre suffisant de commis, et que la formation des relais et autres moyens de transports étaient dirigés par un maître de poste, chargé spécialement de cette partie.

En partant de cette division, qui est dans la nature même du service des postes aux armées, il paraissait que les limites qui séparaient le pouvoir du ministre, des attributions de l'ancienne administration, étaient tellement distinctes, que celle-ci devait être resserrée dans les siennes propres. Cependant on a vu cette administration chercher à s'emparer de la surveillance sur la partie active ou militaire, en créant des inspecteurs généraux. Cette innovation était vicieuse et devait nécessairement manquer son but : 1°. parce qu'il était ridicule qu'une administration, qui ne pouvait ordonner aucune disposition pour la partie militaire, qui ne devait et n'aurait pu en aucun cas en supporter les dépenses, et avec qui l'agent n'en comptait pas, s'en mêlât directement ou indirectement ; 2°. parce que l'exercice de cette surveillance, étant une usurpation sur les fonctions des commissaires des guerres, devait faire naître à chaque instant des difficultés.

D'un autre côté, on a employé pour la partie active du service des postes, la régie ; l'on peut croire que quelques-uns des abus de ce mode n'ont pas été étrangers à cette petite administration. Enfin les agens des postes mi-

litaires ont marché sans guide jusqu'à ce jour,
et au travers des tiraillemens occasionnés par
une mauvaise organisation (1).

Maintenant que l'administration générale
des postes est devenue l'objet d'une entreprise,
dans laquelle ne se trouve pas compris le
service actif des armées, il est plus essentiel
que jamais de le faire coïncider avec le systême général de l'entreprise (2).

Ce plan bien conçu, voici comment il va
se réaliser : le ministre de la guerre nommera
un agent près chaque armée, avec lequel il
traitera à forfait pour la partie active du service ; ce marché sera exécuté sous la surveillance de l'ordonnateur général. Quant à la
partie civile, le même agent opérera sous la
direction de l'administration générale, qui ne
pourra la faire surveiller que par des contrôleurs qui resteront étrangers à la partie militaire.

_____

(1) Il existe à la vérité des instructions volumi-
neuses; elles ne sont qu'une compilation de détails
de bureau; il n'y est pas question du service dans
les armées.

(2) Ce système a déjà été mis partiellement en
pratique, à l'armée d'Italie; il ne s'agit que de le
généraliser.

Si au contraire l'agent de l'administration est
aussi chargé de la partie active, le ministre
nommera pour le surveiller et diriger l'emploi
des fonds, un inspecteur.

Dans l'un et l'autre cas, une partie de la
comptabilité s'anéantit; l'autre se réduit à des
termes très-simples; car tout ce qu'il y a
d'extraordinaire dans ce service, se rapportant à la partie militaire, sera supporté par
la caisse de l'armée et réglé par les marchés
que le ministre aura passés. A l'égard de la partie civile, tout se réduisant à la recette, elle
sera abandonnée à l'administration des postes
qui restera chargée de payer le traitement des
employés, affectés particulièrement à ce service.

Enfin, il n'y aura rien à innover pour la
marche administrative, car tout est réglé
depuis long-temps pour la partie civile, et
le marché fera loi pour la partie militaire.

CHAPITRE XIX.

Des étapes et convois militaires.

SECTION PREMIÈRE.

Des étapes.

EN temps de paix comme en temps de guerre, les troupes se portant sur divers points d'un état, et quelquefois le traversant dans toute son étendue, il était nécessaire de fixer les lieux de passage de ces troupes, et de leur assurer dans ces lieux de passage, leur subsistance et le logement, c'est-à-dire, l'étape.

C'est sur ces principes qu'on a essayé dès long-temps, l'établissement des étapes en France.

Dans l'origine, on ne s'est occupé que de tracer les routes que les troupes tiendraient et de déterminer les villes ou villages où elles s'arrêteraient, et la manière dont le logement leur serait fourni (1). On ne leur accorda pas les subsistances en nature ; elles devaient se nourrir elles-mêmes, au moyen d'un supplément de solde en argent.

Les inconvéniens de ce mode furent reconnus dans la pratique ; on lui substitua celui de la fourniture en nature (2).

Postérieurement, on supprima cette fourniture et on donna de nouveau, en indemnité aux troupes, un supplément de solde (3).

On retomba dans les inconvéniens dont on avait eu à se plaindre : on revint au mode qu'on venait d'abandonner, celui de la fourniture des subsistances en nature (4).

Depuis, l'étape a été constamment fournie à la troupe, de la même manière.

Jadis, ce service était fait dans les pays d'élection, par des entrepreneurs particuliers ;

---

(1) Ordonnance du 14 août 1623.

(2) Ordonnance du 14 juin 1702.

(3) Ordonnance du 15 avril 1708.

(4) Ordonnance du 13 juillet 1727.

dans les pays d'état, il restait à la charge des provinces.

Dans ces temps cependant, ce service fut mis en régie (1); mais quelles précautions n'avait-on pas prises pour se garantir des abus?

On avait établi une masse générale pour ce service, et cette masse était répartie entre les différentes généralités où il se faisait (2). Les régisseurs en faisaient les avances, à raison desquelles on leur allouait annuellement un intérêt de 5 pour cent. Ce mode tenait de l'entreprise, puisque les administrateurs avançaient les fonds, et de la régie intéressée, puisqu'ils avaient un bénéfice dans les masses.

Pendant la révolution, on a rejeté ces mesures salutaires, et on a créé une régie pure et simple, qu'on a réunie à l'administration des subsistances militaires.

Depuis l'établissement du régime constitutionnel, on a quitté la régie pour retourner

---

(1) Ordonnance du 3 octobre 1778.

(2) Ordonnance du 23 juillet 1776.

à l'entreprise ; mais on a fait de ce service l'objet d'un marché général.

Tant de variations peuvent faire naître quelques doutes sur l'avantage de fournir l'étape en nature et sur le mode d'administration qui convient le mieux à ce service ; je vais les lever par une discussion rapide.

ARTICLE PREMIER.

De l'avantage de fournir l'étape en nature aux troupes.

Les raisons qu'on a fait valoir pour prouver la necessité de supprimer l'étape en nature, se réduisent à celles-ci, que je tire d'un ouvrage estimable , et dont l'auteur vit encore : « Qu'on se peigne (dit le citoyen Ser-
» van, dans son ouvrage du Soldat Citoyen)
» un soldat qui vient de marcher pendant 9
» ou 10 heures, obligé de chercher en arri-
» vant un logement souvent très-éloigné et
» très-mauvais ; forcé quelquefois de revenir à
» la maison de ville, solliciter un autre billet,
» faute d'avoir pu trouver ses hôtes, ou d'avoir
» pu trouver du logement chez eux. Est-il

» logé? Il faut qu'il aille à l'étape : la distribu-
» tion des vivres ne peut se faire que succes-
» sivement et homme à homme. Combien de
» temps se passe-t-il avant que les derniers
» aient leur ration? Souvent elle est très-mau-
» vaise ; quelquefois il est trop tard pour la
» faire cuire ; quelquefois les hôtes n'ont pas
» même les ustensiles nécessaires. Alors le
» soldat vend sa ration de viande pour acheter
» d'autres alimens bien plus propres à nuire
» à sa santé qu'à réparer ses forces. On est
» obligé de s'arrêter par la trop grande quan-
» tité de choses qu'on aurait à dire, etc. (1).

Je réponds qu'en supposant l'étape en nature
supprimée , la plupart des inconvéniens dont
on vient de parler, subsisteraient également.
Le soldat ne serait pas moins obligé d'aller
chercher son billet de logement ; il ne serait

---

(1) Je dois cependant faire observer que le citoyen
Servan ne prétendait pas faire remplacer la fourniture de l'étape en nature , par un supplément de
solde ; il voulait seulement détruire le mode des
marchés et y substituer un autre système dont il
est inutile de parler. Je n'ai rappelé ses objections
que parce qu'elles ont été souvent répétées depuis
et appliquées à la suppression de l'étape en nature.

pas moins forcé d'aller acheter son pain
et sa viande ; car ce ne serait pas avec une indemnité de trois ou quatre sols qu'on lui donnerait en remplacement de son étape, qu'il
pourrait prendre un logement à l'auberge et
s'y faire servir à manger.

Mais ce n'était pas seulement sous le rapport
du bien-être du soldat qu'il fallait traiter la
question ; il fallait l'envisager aussi dans ses
rapports avec l'ordre public et la discipline.
Or, si on supprime l'étape en nature, il est bien
évident que les troupes seront dans l'indispensable nécessité de se pourvoir elles-mêmes des
choses nécessaires à leur nourriture. Je conçois
bien maintenant qu'un corps de troupes de
deux ou trois mille hommes, qui tombera dans
une commune d'une population de vingt à
trente mille ames, pourra y trouver les objets
de première nécessité ; mais les trouvera-t-il
dans une petite ville ou dans un village ? non
sans doute, et ceux-ci sont en plus grand nombre. Il n'y a pas de réponse à cette objection.

Avoir prouvé que, dans l'hypothèse de la
suppression des étapes en nature, les troupes,
marchant en corps, pourraient manquer de
subsistances, c'est avoir prouvé qu'elles seraient bientôt indisciplinées ; car sans pain,

il n'est point de discipline : c'est encore avoir prouvé la nécessité d'assurer les approvisionnemens, lors de leur passage ; et les seuls moyens d'approvisionnemens sont dans l'organisation d'un service régulier des étapes.

Mais accordera-t-on l'étape en nature, aux militaires voyageant en corps, aux militaires isolés en route et aux officiers?

Jadis, officiers-généraux, officiers, sousofficiers, soldats voyageant en corps ou isolément, y avaient droit : il faut s'en tenir à l'ordre actuel qui est incontestablement meilleur.

On ne donnera l'étape en nature qu'aux militaires marchant en corps ou par détachemens réguliers.

On donnera aux militaires, marchant isolément, l'étape en numéraire. Elle est en ce moment fixée à trois sols par lieue.

Les officiers marchant avec leurs corps ou isolément, ne recevront en aucun cas l'étape en nature; on leur accordera un supplément de solde en numéraire.

ARTICLE II.

Du mode d'administration qui convient au service des étapes.

Le service des étapes se compose de beau-coup de détails, et nécessite un grand nombre d'établissemens, qu'on peut porter, sans exa-gération, à près de deux mille. En voilà assez pour démontrer qu'il ne doit pas être mis en régie, et qu'il ne peut être réuni à aucun autre service. On le fera donc administrer isolément par entreprise.

De quelle manière l'entreprise sera-t-elle combinée? Sera-t-elle générale? Etablira-t-on des entreprises partielles? Les marchés seront-ils passés dans le sein du ministère ou au-dehors?

C'est ici le cas de faire l'application des prin-cipes relatifs à cette matière: «Les marchés qui » tiendront aux localités, ai-je-dit, seront » passés dans les divisions de l'intérieur et ad- » jugés au rabais ». Certes, s'il est un service qui se lie aux localités, c'est celui des étapes, puisque c'est sur les lieux où la fourniture est faite, qu'elle se consomme, et que les denrées qui y entrent, varient de prix à raison de ces mêmes localités.

La fourniture des étapes sera donc assurée par des marchés particuliers, passés dans les divisions par les commissaires-ordonnateurs, et adjugés au rabais, en présence des autorités locales.

Ce service sera, dans chaque division, sous la direction du commissaire-ordonnateur, et les commissaires des guerres, concurremment avec les municipalités, en feront la police.

Récemment, il a existé une entreprise générale(1); on avait mis ce service hors de la police des commissaires des guerres, pour le placer sous la police immédiate et exclusive des municipalités (2). Un service militaire sans police militaire dans l'intérieur, et un entrepreneur général à Paris; quelle matière à réflexion!

Enfin, créera-t-on un établissement intermédiaire entre le ministre de la guerre et les entrepreneurs des divisions, pour surveiller et régulariser le service des étapes? Non, cette surveillance, cette action doivent être exercées

---

(1) Marché du premier frimaire an 6.

(2) Article XX de ce marché.

directement par le ministre. Ce rouage serait superflu et par-là même dangereux : un bureau, organisé dans le sein du ministère, remplira cet objet.

SECTION II.

Des convois militaires.

Le service des convois militaires consiste dans le transport des bagages , des malades et des convalescens des différens corps , dans les routes qu'ils ont à faire dans l'intérieur de l'état, ou pour passer d'une garnison à une autre.

Jadis ce service fut fait par corvées ; pour décharger les peuples d'un impôt aussi onéreux , l'ancien gouvernement se chargea de le faire faire à ses frais.

On suit encore , en grande partie , le réglement qui a organisé, à cette époque, cette branche d'administration (1).

On a isolé pendant long-temps ce service de celui des étapes ; il y fut enfin réuni (2). Les

---

(1) Ordonnance du premier juillet 1768.

(2) Ordonnance du 31 décembre 1778.

motifs de cette réunion, et ses avantages sont si clairs, qu'il serait superflu de s'y arrêter. On suivra ce système; et la fourniture des étapes, ainsi que le service des convois militaires seront adjugés simultanément et dans les mêmes formes.

Jadis, on avait encore réuni à ces deux services, celui des transports directs des gros bagages et autres munitions de guerre.

Cette réunion peut avoir lieu dans le système de la régie; dans celui de l'entreprise, elle est impraticable ; car chaque entrepreneur n'est chargé que d'une division. On fera donc un marché général et séparé pour cette espèce de transports.

On a proposé d'attacher à chaque corps des équipages pour ce service. Ce mode serait le plus vicieux de tous, parce que les corps militaires se déplaçant rarement, sur-tout en temps de paix, on rendrait permanente une dépense qui n'est qu'accidentelle, et on fournirait aux frais de la république, des chevaux pour promener, pendant toute l'année, l'oisiveté de quelques officiers.

11

CHAPITRE XX.

Des remontes.

LE service des remontes a pour objet la fourniture et le remplacement des chevaux, dans les corps de cavalerie.

Ce service se divise en deux branches : celle qui a trait aux achats, et celle qui concerne la manutention des dépôts.

Les achats doivent être faits par des fournisseurs.

La manutention des dépôts doit être confiée à une administration.

La forme, toute militaire, donnée à l'administration actuelle (1), est la meilleure, parce que des officiers de cavalerie qui connaissent et les chevaux et l'art de l'équitation, remplissent un second but, celui de les dresser.

La police intérieure de ces établissemens est un objet purement réglementaire; elle doit sur-tout s'appliquer à la réception et à la sortie des chevaux.

---

(1) Arrêté du directoire exécutif du 27 nivôse an 6.

CHAPITRE XXI.

Objets divers.

JE comprends sous cette désignation différentes dépenses, telles que gratifications de campagne, indemnités de guerre, frais de bureau, de voyage, etc.

Ces dépenses ne s'appliquant point à des fournitures qui puissent être l'objet d'un service régulier, je ne les rappelle que pour mémoire.

La nature, la quotité de ces dépenses et le mode de paiement doivent être déterminés pour chacune d'elles, par des lois ou réglemens militaires.

CHAPITRE XXII.

De l'administration de l'hôtel national des militaires invalides.

L'on a discuté avec maturité et intérêt, si les secours que la patrie doit à ses défenseurs invalides, seraient accordés à chacun d'eux dans ses foyers, ou si ces militaires seraient reçus dans un hospice entretenu aux frais du gouvernement. Il serait hasardeux d'entrer dans une carrière parcourue par les Mirabeau, les Saint-Germain, les Jacquet de Malezet, et il serait au moins inutile de rebattre une matière sur laquelle tout a été dit.

Ces écrivains ont fait une distinction juste entre les Invalides auxquels leur position permettrait de retourner dans leurs foyers et ceux que des maladies incurables, des infirmités graves et l'isolement laisseraient à la merci publique, si le gouvernement n'en prenait soin. Ils ont proposé pour ceux-ci le second mode de secours, et pour les autres, le premier.

On aurait dû suivre constamment ces idées

saines ; elle le sont en ce moment , où le trésor
public paie des soldes et des demi-soldes à
une quantité considérable de militaires inca-
pables d'aucun service. Peut-être les fonds
manquent-ils pour les secours en numéraire?
Peut-être l'administration de l'hôtel des invalides est-elle mal organisée ? Le premier in-
convenient tiendrait aux finances et sort de
mon sujet; le second rentre dans le matériel
de l'administration militaire, et je dois m'en
occuper.

L'établissement de l'hôtel des Invalides a eu
lieu en 1664: jusqu'alors les militaires n'avaient
trouvé précairement un asyle que dans quelques maisons religieuses ou de charité. Depuis
cette époque, jusqu'en 1776 , l'administration
de l'hôtel éprouva peu de changemens ; cette
année y vit introduire une grande réforme (1).

On réduisit à quinze cents le nombre des
militaires invalides de tout grade qui seraient
reçus dans l'hôtel. Le régime intérieur fut absolument militaire, et on le confia à un gouverneur, pris parmi les officiers-généraux ; on
chargea de la partie administrative, un commissaire des guerres qu'on appela *directeur*,

_____

(1) Ordonnance du 17 juin 1776.

et le secrétaire d'état ayant le département
de la guerre, fut institué le chef de cet établissement. Si on eût créé un conseil de guerre
pour tempérer l'autorité du gouverneur, et
un conseil d'administration pour surveiller
le directeur, cette organisation eût été essentiellement bonne.

En 1792 (1), l'hôtel des Invalides fut mis
sur un pied totalement différent : des institutions et des formes civiles remplacèrent les institutions et les formes militaires. Cet hôtel
passa sous la surveillance du ministre de l'intérieur ; le directoire du département de Paris
fut chargé du travail d'admission des invalides ;
un conseil général d'administration, composé
de trente-six membres, fut mis à la tête de la
partie économique, et un bureau administratif,
aidé d'un syndic, dirigea en sous-ordre les détails du service ; le contentieux et la police
furent du ressort d'un tribunal de conciliation.
Quelle complication ! un tel ordre était le ren-
versement de toutes les idées administratives.

Depuis l'établissement de la constitution,
toutes les lois anciennes, les réglemens même

_____

(1) Loi du 16 mai 1792, an 4 de la liberté.

de l'administration de l'hôtel des Invalides,
sont tombés en désuétude. Chaque année voit
naître une organisation provisoire, qui atteste
à la vérité, la sollicitude du directoire exécutif,
mais qui est loin de remplir l'objet qu'il se
propose (1). L'ordre militaire et l'ordre administratif d'une pareille maison, doivent être
déterminés par une loi ; c'est le seul moyen
de fixer invariablement le mode d'existence
des invalides dans l'hôtel et de mettre de
l'économie dans les dépenses.

Jadis, lorsqu'on entretenait seulement quinze
cents invalides, chaque militaire coûtait, y
compris les dépenses d'entretien de l'hôtel et
le traitement de l'état-major, 400 livres par
année, ce qui donnait pour quotient de dépense par jour et par homme 1 liv. 1 s. 11 d.

Aujourd'hui que le traitement de l'état-major est moins fort, et que les frais d'entretien
de l'hôtel doivent être moins sensibles, étant
répartis sur environ cinq mille têtes, chaque
invalide coûte à peu près 750 liv. par année,
ce qui donne par jour et par homme, pour quotient de dépense, 2 liv. 1 s. 1 den. et une fraction.

_____

(1) Arrêtés du directoire exécutif des 22 brumaire an 5, et 25 vendémiaire an 6.

Cette somme est exhorbitante ; et on pourra dire seulement que l'économie aura reparu dans cette branche de l'administration, lorsque ces dépenses seront diminuées au moins d'un tiers , ce qui les réduirait par jour et par homme à 1 liv. 7 s. 4 d. et une fraction (1).

Je partage l'opinion de ceux qui voudraient qu'on ne reçut à l'hôtel des Invalides que les militaires attaqués de maladies graves et incurables, ou sans ressources et sans asyle, et qu'on renvoyât dans leurs foyers tous les autres, avec une pension qui leur serait payée sur les lieux. Cette pension pourrait être fixée à 250 liv., ce qui présenterait , même dans mon calcul, une économie de moitié , sur les dépenses d'entretien dans l'hôtel.

Il est une autre espèce d'invalides, connus sous le nom de vétérans nationaux : ceux-ci sont formés en compagnies et font un service militaire. Leur organisation entre dans le personnel de l'armée ; par cette raison , je ne dois pas en parler.

---

(1) Je n'ai pas employé le calcul décimal , parce qu'étant nécessaire de faire des rapprochemens avec l'ancienne méthode , j'ai voulu éviter à mes lecteurs la peine de refaire l'opération.

CHAPITRE XXIII.

Du matériel de l'artillerie et du génie.

LE matériel de l'artillerie et du génie comprend : pour l'artillerie, l'administration des forges, fonderies, arsenaux, manufactures d'armes de toute espèce, atteliers de réparations et les équipages de transports et ceux des ponts; pour le génie, la direction des constructions et réparations des bâtimens militaires et des fortifications dans les places de guerre et sur les côtes.

Je me contenterai de faire observer que la manutention de ces différens services, à l'exception des constructions et réparations qui doivent être adjugées publiquement sur des devis estimatifs, à l'exception encore des équipages de transports qui doivent être donnés à entreprise, ne peut être administrée que par régie. On choisit dans les officiers supérieurs de ces deux armes, les chefs de ces différens services; des commissaires des guerres sont exclusivement chargés de leur police intérieure.

C'est tout ce que je dois dire d'une partie qui forme dans l'administration militaire, une branche parfaitement distincte et dont le développement exigerait à elle seule un volume.

CHAPITRE XXIV.

De l'administration des pays conquis.

Jusqu'à présent j'ai parlé de l'administration des armées, dans l'hypothèse où elles
seraient entretenues aux frais du trésor public.
J'ai cependant dit que, lorsqu'une armée victo-
rieuse s'avancerait avec précipitation sur le
territoire ennemi et y prendrait une certaine
assiette, on aurait recours aux réquisitions en
nature et aux contributions en argent. Je dois
m'étendre davantage sur cette idée, et j'ajoute:
qu'étant de toute justice que les pays conquis
fournissent aux besoins de l'armée, à proportion de leurs moyens, il faut créer une autorité
chargée de les employer. Il faut encore que
cette autorité, en quelque sorte mixte, et qui
se trouvera placée entre l'armée et le pays
conquis, embrasse, surveille et dirige l'administration de celui-ci; autrement les ressources
qu'il offrirait, seraient en peu de temps épuisées, les sources même d'où elles découle-
raient, seraient bientôt taries. J'ai donc encore

à analyser les règles d'administration de cette autorité, et à rechercher quelle doit en être la forme organique.

On voit que je pose d'abord en principe, que l'administration des pays conquis doit être séparée de l'administration militaire proprement dite. Voici sur quels motifs je fonde cette opinion.

Les administrateurs militaires ne sont institués que pour alimenter l'armée, et fournir à son entretien; ils emploient à ces dépenses les fonds que le gouvernement met à leur disposition, soit qu'ils proviennent des revenus de l'état, soit qu'ils proviennent des contributions des pays conquis; et dans ce dernier cas, il faut toujours supposer qu'ils touchent les fonds par l'intermédiaire du gouvernement. Sous aucun rapport, ces administrateurs ne sont chargés du recouvrement et de la recette des deniers publics; ils doivent y rester étrangers. Il faut cependant une autorité dans le pays conquis, qui ait le travail et la responsabilité de ces opérations importantes; cette autorité ne peut être celle du pays vaincu ; elle doit émaner du gouvernement vainqueur, et celle-là lui sera entièrement subordonnée.

La nécessité de la création de cette autorité que j'appelle intermédiaire, étant prouvée, je reviens à l'analyse des règles qui doivent la diriger dans son administration. Ces règles qui, dans l'application et dans les détails, se multiplient à l'infini et sont même très-compliquées, puisque d'une part elles tiennent à l'administration militaire, et que de l'autre elles embrassent l'administration civile, se réduisent néanmoins à quelques points principaux que voici :

L'autorité dont je parle, fera partie intégrante des pouvoirs de l'armée; elle en suivra tous les mouvemens.

Dès que l'armée s'avancera sur le territoire ennemi, le premier soin de cette autorité sera de s'emparer de toutes les caisses publiques, d'en constater la force et d'en faire verser les deniers dans la caisse militaire.

Si l'armée garde le pays conquis, cette autorité s'organisera définitivement en administration. Elle dirigera toutes les opérations des autorités locales, et exclusivement, elle fera l'assiette, la répartition et la levée des contributions et des réquisitions de quelque nature qu'elles soient.

A mesure que l'armée agrandira ses conquêtes, cette autorité étendra les ramifications de sa gestion, et elle ne cessera pas d'en être le point central.

Instituée essentiellement pour fournir aux besoins de l'armée, elle ne sacrifiera jamais des intérêts aussi majeurs à des considérations particulières.

Placée entre le pays conquis et l'armée, elle n'oubliera cependant pas que si elle se doit à l'armée, il faut aussi qu'elle défende le pays conquis des exactions et des pillages auxquels se porteraient des individus mal-intentionnés ; elle n'oubliera pas qu'elle doit y maintenir les moyens de prospérité et d'abondance, auxquels tiennent le bien-être des militaires et souvent le salut de l'armée. Elle adoucira autant qu'il sera en son pouvoir, les fléaux de la guerre ; elle fera chérir, par une administration paternelle et tutélaire, le gouvernement qu'elle représente ; enfin, elle fera disparaître de son mode d'administration, l'appareil et la dureté des exécutions militaires ; elle n'aura recours à ces moyens violens, que lorsque la sûreté et l'intérêt de l'armée l'exigeront impérieusement.

Nécessairement soumise au général en chef, cette autorité obtempérera à ses réquisitions.

Sa comptabilité seule restera indépendante de toute influence, même de celle du commissaire général de l'armée. Cette comptabilité, qui rentre dans celle des fonds, appartient à la trésorerie nationale, de même que la surveillance des opérations administratives, rentre dans les attributions du ministère des finances.

Mais quelle forme donnera-t-on à cette autorité ? Sera-t-elle abandonnée à un seul individu ? Créera-t-on une commission pour l'exercer ? Je me décide par deux raisons péremptoires pour le second parti : la première, c'est que sous le rapport administratif, cette autorité doit présenter une garantie au pays conquis contre l'arbitraire ; la seconde, c'est que sous le rapport de la comptabilité, elle doit présenter aussi au gouvernement une garantie pour le maniement des deniers et la reddition des comptes. Or, cette double garantie ne peut se trouver que dans l'existence d'une commission.

Jusqu'à ce jour dans nos armées, cette partie administrative a essuyé beaucoup de vicissitudes : tantôt elle a été laissée à un homme seul, tantôt elle a été confiée à une commission ; quelquefois on a étendu cette administration sur tout le pays conquis, d'autrefois

on l'a divisée. Jamais les fonctions de cette
autorité n'ont été bien déterminées; et toujours
écrasée par le pouvoir des généraux, ou con-
trariée par celui des ordonnateurs, elle n'a pu
mettre ni ordre, ni tenue dans ses opérations.
Aussi l'on ne connaît ni la quotité des réquisitions et des contributions militaires, ni l'emploi qui a été fait de leur produit ; l'on ne sait
qu'une chose, c'est que les pays conquis sont
totalement épuisés.

Il faut donc, pour cette branche de l'administration, établir un système fixe ; j'en ai dit
assez, pour en faire connaître les bases essentielles.

LIVRE TROISIÈME.

De l'action administrative.

CHAPITRE PREMIER.

Exposition du sujet de ce livre.

SI on m'a suivi avec quelqu'attention, on doit être instruit des besoins des armées et des moyens d'y satisfaire ; on doit connaître les rapports de la solde avec le matériel de l'administration, et ses règles, considérée comme traitement ; on doit connaître la nature de chaque fourniture, celle des différens services et le mode d'administration qui leur est propre. Tels sont les élémens qui entrent dans le matériel de l'administration militaire ; mais ce seraient de grands moyens sans utilité, si on ne les mettait en action.

« Qu'on me donne de la matière et du » mouvement, a dit Descartes, et je vais créer

12

» un monde ». Cette pensée d'un grand homme peut avoir plus d'une application. Nous avons la matière administrative, recherchons-en le mouvement. Bientôt nous verrons se développer successivement l'action qui lui est propre, la surveillance qui doit s'attacher à chacun de ses pas, et le moteur principal qui lui donne la direction.

Au premier degré se trouveront les conseils d'administration, institution la plus rapprochée des militaires, et les chefs des services. En remontant, se présenteront les commissaires des guerres, dont la surveillance et l'action immédiates s'étendent sur les uns et sur les autres; leurs attributions embrassent toutes les branches de l'administration et ne finissent que là où commencent les fonctions militaires, prises dans l'acception stricte du mot. Enfin s'élevera le ministère de la guerre; c'est de son sein que partent tous les ordres et où viennent aboutir tous les résultats.

Qui ne croirait que c'est là le mécanisme de l'administration militaire entièrement dévoilé? Cette opinion serait cependant une erreur. Dans un ordre de chose bien organisé, il ne suffit pas d'avoir sagement combiné les élémens de l'administration et de leur avoir

imprimé le mouvement, il faut en outre assujettir les pièces justificatives des dépenses, c'est-
à-dire, les pièces comptables, à des formes
sévères; il faut liquider, ordonnancer, payer,
rendre des comptes et les apurer.

Que signifieraient encore ces comptes, s'ils
ne sont pas rendus au moment même où les
opérations, dont ils sont le résultat, ont lieu?
Il me semblerait alors voir des administrateurs
rassembler et ajuster, après coup et au hasard,
toutes les pièces de ces comptes, à peu près
comme agirait un ouvrier pour faire un habillement dont il aurait négligé de prendre la
mesure. Quelle garantie présenterait une telle
manière d'opérer; et, en se conduisant ainsi,
les administrateurs n'éluderaient-ils pas la responsabilité qui pèse sur eux?

Il faut donc établir un système de comptabilité et de liquidation pour les dépenses de
la guerre, système qui nous manque entièrement, afin qu'on ne paie que les dépenses faites
et seulement sur des pièces légales, et afin qu'il
ne s'amoncèle plus de ces arriérés que toutes
les années voient naître et qui ruinent les
particuliers, en même temps qu'ils jettent
le plus grand désordre dans l'administration.
Il faut aussi rétablir les principes relativement

à la disposition des fonds consacrés aux dépenses militaires, pour que la répartition en
soit mieux ordonnée, et pour garantir les ordonnances de l'avilissement où les fait tomber
une émission inconsidérée et qui ne se trouve
pas en rapport avec les fonds disponibles.
Il faut encore rappeler la division qui doit
exister entre la comptabilité des deniers et
la comptabilité des dépenses, division qu'on
a déjà perdue de vue. Enfin, il faut chercher
les points de contact entre l'administration militaire et la comptabilité nationale.... N'anti-
cipons pas sur ces questions de la plus haute
importance et que je tire en quelque sorte de
l'oubli, et reprenons l'ordre des matières, d'autant plus facile à saisir, que l'exposition simple
de la chaîne de mes idées y aura préparé l'esprit de mes lecteurs.

CHAPITRE II.

Des conseils d'administration.

*De l'organisation des conseils d'adminis-
tration.*

QUELS abus ne devait pas présenter l'administration intérieure des corps, lorsqu'elle
était abandonnée au chef de chaque régiment;
et quelle garantie restait aux militaires? Alors
leur existence était exclusivement entre les
mains d'un despote qui, presque toujours ab-
sent de son corps, ou n'y paraissant que
pour dicter des lois en maître, faisait sa dernière occupation, de ses devoirs les plus es-
sentiels et s'engraissait de la substance de
ceux qui étaient livrés à son commandement.
Domination orgueilleuse et intéressée d'une
part, soumission servile et pénurie de l'autre; tel était le spectacle qu'offraient le ré-

gime et la tenue des corps avant la création des conseils d'administration.

Cette institution, sollicitée par la justice et attendue avec impatience, parut enfin (1). Elle ne remplit pas les espérances qu'on en avait conçues; car, en resserrant dans les mains des cinq chefs principaux de chaque régiment, une attribution laissée auparavant au colonel seul, elle ne fit rien pour la représentation de la masse des militaires, et très-peu de chose pour l'amélioration de leur sort. Dans le temps même, quelques esprits judicieux observèrent que ce conseil serait un rempart à l'abri duquel ce chef agirait avec plus de sécurité et deviendrait d'autant plus dangereux, qu'il craindrait moins pour lui. Cependant, comme le motif de cette institution était vraiment administratif et son but utile, il est arrivé ce qui aura toujours lieu pour les institutions qui seront dans la nature de la chose à laquelle on les applique, qu'elle a échappé à une suppression inévitable dans toute autre circonstance.

---

(1) Déclaration du 25 mars 1776.

Cette institution, entièrement despotique dans l'ancienne constitution militaire, a pris des formes douces et tutélaires sous l'influence d'un gouvernement républicain.

Une des premières organisations des conseils d'administration, celle qui fait partie de la loi sur la refonte générale de l'infanterie en demi-brigades (1), porta le nombre des membres des conseils d'administration à dix-sept. On avait dépassé le point au-delà duquel l'institution la plus sage aurait dégénéré, parce qu'une assemblée aussi nombreuse entravait nécessairement, par la longueur et la difficulté de ses délibérations, le service, et faisait naître, dans cette branche de l'administration, une confusion qui facilitait des dilapidations de toute espèce.

Depuis, cette organisation a été retouchée (2); mais on s'est jeté dans un excès contraire. On a réduit le nombre des membres des conseils d'administration à sept, parmi lesquels on compte seulement un sous-officier et un soldat, et ne se trouvent plus les

---

(1) Loi du 12 août 1793.
(2) Loi du 25 fructidor an 5.

chefs des bataillons, lorsque primitivement ceux - ci y étaient tous appelés et ceux - là représentés par sept de leurs camarades. On ne peut expliquer cette réticence et cette contradiction, que par la versatilité qui caractérise notre législation; versatilité qui détruit les résultats avantageux qu'on obtiendrait d'une qui serait moins bonne et moins fondée en principes, mais qui serait sévèrement observée.

Cependant les principes qui doivent déterminer la forme organique des conseils d'administration, me paraissent tellement dans l'essence de cette institution, que je conçois avec peine comment ils n'ont pas été saisis.

Il suffisait en effet de résoudre ces deux questions, dont les conséquences découlent naturellement:

1°. Quelle est la destination des conseils d'administration?

D'administrer la solde, de veiller sur une portion des besoins des soldats et de faire entr'eux une juste répartition des objets destinés à les satisfaire. Si on me permet cette réflexion disgressive, on sentira par cette définition, la plus exacte possible, que cette destination est manquée; car, ainsi que je l'ai déjà démontré, les conseils d'administration sont plus particulièrement chargés des intérêts de la république que de ceux des corps.

2°. Qui a l'intérêt le plus réel à ce qu'une vigilante sollicitude et un ordre sévère président à l'accomplissement des devoirs des conseils d'administration ?

La masse des soldats : elle doit donc compter pour quelque chose dans l'organisation de ces conseils ;

Les capitaines, ces hommes si estimables, quand ils ne sont pas au-dessous de leur place, ces hommes les plus rapprochés des soldats, qui connaissent le mieux leurs besoins, et qu'on doit regarder comme leurs pères ;

Enfin, les chefs des corps auxquels rien de ce qui intéresse ceux qu'ils commandent, ne doit être étranger.

Dans l'hypothèse de l'organisation actuelle des corps, et pour donner un juste équilibre à mon institution, je desirerais que le conseil d'administration de chaque corps fût composé de trois officiers supérieurs, y compris le chef du corps, de trois capitaines et de trois militaires pris parmi les lieutenans, les sous-officiers et les soldats.

Je viens de dire, dans l'hypothèse de l'organisation actuelle des corps, parce que, considérée dans ses rapports avec l'administration, cette organisation est vicieuse. Qu'on ne s'élève pas contre cette assertion, et qu'on réfléchisse qu'un traité sur la théorie d'une science doit nécessairement présenter des spéculations qui, pour n'être pas praticables dans le moment même, ne renferment pas moins le germe qui doit un jour donner des fruits.

Je proposerais de refondre la composition des demi - brigades et d'en réduire la force à deux bataillons; je sais qu'avant d'entamer une opération de cette importance, il faut être bien convaincu des avantages qui en résulteront pour l'administration. Je ne me jetterai pas dans une discussion longue et abstraite pour les démontrer; je me bornerai à présenter quelques réflexions qui, sans doute, rapprocheront toutes les opinions de la mienne.

Tous les corps d'infanterie sont composés de trois bataillons. Personne n'ignore que les bataillons sont respectivement commandés par un chef, et que ces chefs obéissent au commandant de la demi-brigade à laquelle tiennent les bataillons.

Ces masses ainsi combinées, se prêtant facilement à tous les mouvemens militaires, agissent rarement sans être divisées, parce qu'il est assez ordinaire qu'on n'ait besoin sur tel ou tel point, ou pour telle ou telle opération, que d'un bataillon; aussi voit-on rarement une demi-brigade réunie en corps. Dans les armées où les mouvemens sont très-rapides, où la guerre se fait souvent dans des pays montagneux et coupés, les corps sont encore plus morcelés.

Si cette division des corps peut être nécessaire et utile pour les opérations militaires, elle est destructive de toute tenue administrative dans le sein de ces mêmes corps. Comment concevoir en effet qu'un conseil d'administration puisse suivre et connaître les mouvemens des bataillons, lorsqu'ils seront éloignés de lui? Comment sur-tout r'attachera-t-il au mouvement des bataillons, ceux des détachemens partiels qu'ils fourniront? Comment pourra-t-il ordonner sciemment et surveiller la distribution et l'emploi des effets militaires? Comment enfin s'y prendra-t-il pour réunir les matériaux de sa comptabilité qui se trouveront épars çà et là?

Il est vrai que si les bataillons se trouvent

éloignés de celui où siége le conseil d'administration, au point que les communications
soient devenues trop difficiles et qu'il faille
plus de huit jours pour recevoir la correspondance, la loi a voulu qu'on établit dans
le sein même de ces bataillons, un conseil
d'administration qu'elle appelle éventuel (1).
Dans ce cas, ce conseil d'administration a
une organisation particulière et il est indépendant de celui du corps. Il peut arriver
de là que, pour une demi-brigade, il y ait
trois conseils d'administration, ce qui est abusif et détruit le système essentiel et nécessaire
de la comptabilité, par corps militaires. Qu'on
réduise les demi-brigades à deux bataillons,
et l'on n'aura jamais plus de deux conseils
d'administration pour chacune, ce qui est moins
abusif; et là, où l'on ne peut arriver à la
perfection, il faut adopter la moins mauvaise
des mesures.

Mais en mettant de côté pour un moment,
les difficultés qui naissent dans l'administration des corps, de leur division actuelle, n'est-
il pas évident aussi que l'administration de

---

(1) Article XV de la loi du 25 fructidor an 5.

trois bataillons, en supposant le corps réuni,
présente des difficultés d'un autre genre, telles
que de tenir des comptes ouverts à tant de
parties prenantes et de régulariser une comptabilité qui se compose de tant de détails ? Je
soutiens même que si on'rétablit les masses des
corps et les retenues sur la solde, cette comptabilité deviendra impraticable. Qu'on réduise, je
le répète, le nombre des bataillons à deux, et
au lieu de près de trois mille hommes à administrer, chaque conseil d'administration en
aura moins de deux mille ; il n'y a plus de
parité entre les deux opérations : et en supposant cette réduction opérée, le travail des
décomptes qui résulterait de l'application du
système des retenues sur la solde, ne surchargerait pas trop les conseils d'administration.

D'ailleurs, je dois par avance faire remarquer que la feuille de prêt, en ne la considérant même que comme provisoire, je dois,
dis-je, faire remarquer que cette feuille, qui
est l'ouvrage des conseils d'administration,
est encore, après la revue des commissaires
des guerres, la pièce la plus importante de la
comptabilité. Il est donc nécessaire que cette
feuille soit exacte et fidelle. Le sera-t-elle si
les conseils d'administration ne peuvent agir

par eux–mêmes et exercer sans cesse leur surveillance ?

Enfin, lorsque je parlerai de la police
qu'exercent les commissaires des guerres sur
les corps, je démontrerai combien il est difficile qu'ils puissent en tenir avec régularité les contrôles, dès que les corps susceptibles d'être trop divisés, fourniront à chaque
instant des détachemens qui échapperont à
leur action immédiate.

Mais je dois revenir sur un principe que
je viens de mettre en avant ; savoir : que la
comptabilité doit être faite par corps. Ce principe n'a pas besoin d'être justifié. En voulant
en faire l'application, je cherche vainement
comment on pourra concilier avec ce principe
l'administration de nos demi-brigades, dans
l'hypothèse de leur organisation actuelle. Quels
sont en effet les résultats de cette organisation ?
Que les corps se trouvant nécessairement divisés, il existe nécessairement trois conseils
d'administration. Voilà donc par ce seul fait,
trois comptabilités. La comptabilité n'a donc
plus lieu par corps, mais bien par bataillons.

Je sais que par suite de l'arrêté récemment
rendu par le directoire exécutif, qui organise les demi - brigades sur un nouveau pied

et qui distingue les bataillons en bataillons de paix et bataillons de guerre, il ne doit plus exister que deux conseils d'administration pour chaque demi-brigade; savoir : celui du bataillon de paix, qui est encore celui de la demi-brigade, et celui des deux bataillons de guerre (1).

Cette dernière mesure serait bonne, s'il était possible que les deux bataillons de guerre fussent toujours réunis, parce qu'alors leur conseil d'administration pourrait vraiment s'occuper de la gestion de chacun d'eux. Mais comme en campagne ils seront souvent séparés, et c'est un fait qu'on ne peut contester, il en résultera que, pour n'avoir voulu qu'une seule comptabilité pour les deux bataillons de guerre, on n'aura pas de comptabilité du tout; ou du moins on n'en aura qu'une très-irrégulière, ce qui revient au même.

Quant à la disposition du même arrêté, qui porte que le conseil d'administration du bataillon de paix surveillera les opérations du conseil d'administration des bataillons de guerre, disposition dont le résultat serait de

_____

(1) Arrêté du 17 vendémiaire an 7.

ramener et de réunir à la comptabilité du bataillon de paix, celle des bataillons de guerre,
je soutiens qu'elle est impraticable; et l'expérience n'a que trop démontré, dans tous les
temps, la vérité de mon assertion.

Il faut opter entre la comptabilité par corps
et celle par bataillons. Si l'on adopte la comptabilité par corps, il faut de toute nécessité réduire les demi-brigades à deux bataillons. Si
au contraire on préfère la comptabilité par
bataillons, on peut laisser subsister l'organisation des corps telle qu'elle est ; alors, il ne
faut plus tenir à avoir un seul conseil d'administration pour les deux bataillons de
guerre ; il faut en organiser un dans l'intérieur
de chacun d'eux, en même temps qu'on laissera
subsister celui du bataillon de paix. On aura
multiplié à la vérité les comptabilités, mais
cela vaudrait encore mieux que de n'en point
avoir du tout.

Dans les circonstances actuelles où il serait
impolitique et dangereux de toucher à l'organisation des corps, je m'empresse de convenir
que, sous son point de vue militaire, l'arrêté du directoire exécutif est profondément
médité. Je regarde néanmoins l'opinion que je
viens d'émettre sur la combinaison des conseils

d'administration pour les bataillons de guerre, comme utile, et je désire sincèrement qu'on mette à exécution les mesures qui en dé, coulent.

Cependant, comme je cherche la théorie que je crois la meilleure, abstraction faite de la position où nous sommes, je reviens à ma première opinion, qu'il faut réduire les demi-brigades à deux bataillons, et qu'il faut que la comptalité s'établisse et se rende par corps. En temps de paix rien ne s'opposera à cette théorie, appliquée à la pratique, car les deux bataillons seront généralement réunis. En temps de guerre, le bataillon de paix conservera son administration dont la comptabilité se rattachera à celle des troupes dans l'intérieur; le bataillon de guerre aura pareillement son administration dont la comptabilité se rattachera à celle de l'armée active où il sera employé. Ces vues rentrent dans ce système que je développerai bientôt; savoir: que la comptabilité des armées actives doit être faite dans leur sein, et doit rester séparée de celle des corps stationnés dans l'intérieur.

Je viens de rappeler les principes sur lesquels doit reposer l'organisation des conseils d'administration des corps; je crois en avoir dit assez pour faire comprendre que s'agissant essentiellement de simplifier et de diminuer les travaux de ces conseils, la réduction des corps telle que je la propose, produira ce double effet.

Dans cette hypothèse, on pourrait composer le conseil d'administration de chaque corps, de neuf membres, qui seraient :

Le commandant du corps,

Les deux chefs de bataillons,

Deux capitaines pris respectivement dans chaque bataillon,

Deux lieutenans, un sous-officier et un soldat.

Si les corps se dédoublent, le conseil d'administration de chaque bataillon serait composé de cinq membres ; savoir : pour le bataillon auquel restera attaché le commandant :

Ce commandant,

Le chef du bataillon,

Un capitaine,

Un lieutenant,

Et un sous-officier ou soldat.

Pour l'autre bataillon :

Le chef du bataillon,

Deux capitaines,

Un lieutenant,

Et un sous-officier ou soldat.

Si on me demande, pourquoi, dans le cas du dédoublement d'un corps, je compose le conseil d'administration de chaque bataillon de la même manière, je réponds : que je ne vois pas par quels motifs je mettrais de la différence dans le nombre des membres de chaque conseil d'administration, lorsque les détachemens à administrer sont proportionnellement forts.

Ce que je viens de dire des corps d'infanterie s'applique entièrement aux régimens d'artillerie. Il en est tout autrement de ceux de cavalerie; le nombre des escadrons ne doit pas être réduit. L'organisation des troupes de cette arme est bonne et doit rester telle qu'elle est par des raisons que les administrateurs ne peuvent pas ignorer et qu'il est inutile de rappeler.

Je n'ai pas envisagé sous son point de vue militaire, la question que je traite; cette discussion n'entrait pas dans mon sujet. J'aurais pu dire cependant, que si l'infanterie est faite pour marcher par divisions, par pelotons, il est évidemment inutile de maintenir une organisation qui lui donne toujours, les corps étant réunis, une consistance colossale; consistance qui doit seulement caractériser la cavalerie. Cette discussion, j'en conviens, m'eut

fourni de nouveaux moyens, et mon système
en eut acquis plus de poids ; mais ce n'est
que sur mes principes administratifs que je
dois être jugé.

On interpréterait cependant mal mon opinion si on la regardait comme une censure
de l'esprit et des intentions qui ont présidé
à la composition actuelle des corps. N'est-ce
pas à cette mesure hardie qu'on doit l'extinction de tous les préjugés de l'ancienne armée ?
N'est-ce pas cette mesure qui, la recréant sur
de nouvelles bases, l'a identifiée avec la république ? N'est-ce pas elle qui, par un heureux mélange de ces vétérans, blanchis dans
le métier des armes, avec les soldats enfans
de la liberté, a préparé les hauts faits de guerre
qui ont donné à la France la prééminence sur
toutes les puissances de la terre ? Cette mesure enfin n'atteste-t-elle pas le génie des
législateurs qui ont préféré à la meilleure constitution militaire, celle qui s'adaptait le plus
aux circonstances et qui devait sauver la patrie ?

Ces circonstances paraissent renaître ; il faut
suivre le même système jusqu'à l'époque où
il ne s'agira plus que d'administrer.

SECTION II.

Des fonctions des conseils d'administration.

Il faut le répéter, les conseils d'administration sont chargés 1°. de recevoir la solde des troupes et de lui faire le prêt ; 2°. de distribuer aux militaires, en se conformant aux réglemens, les effets d'habillement et d'équippement que la république leur confie pour en faire cet emploi; 3°. de faire faire les réparations nécessaires à l'habillement avec les fonds mis à leur disposition. Les conseils d'administration sont aussi chargés d'autres opérations d'une trop médiocre importance pour les détailler ici. On pourra encore leur confier un jour la confection de l'habillement.

Par leur institution, les conseils d'administration sont donc les économes de leurs corps et comptables envers la république. Espérons qu'ils le seront incessamment envers ceux-là , par le rétablissement des masses et des retenues sur la solde.

Comme administrateurs , il ne serait pas prouvé que les conseils d'administration auraient bien régi, lors même qu'il ne s'éleverait

aucune plainte contre eux de la part de leurs
administrés; car, en leur sacrifiant les intérêts
de la république, qui sont absolument isolés
des leurs, ils seront certains de s'en garantir.
On ne pourrait dans tous les cas, acquérir la
conviction de la fidélité de leur gestion que
par la vérification et le dépouillement de leurs
comptes. Heureusement cette vérité a été sentie,
et on a assujetti l'administration des corps à des
règles tellement simples, claires, précises et
méthodiques , qu'elles serviront à jamais de
modèle pour arriver dans cette partie à la
perfection, et que, s'il existait une surveillance
sévère, ou que la composition des corps se
prêtât plus facilement à l'application de ces
règles, elles seraient difficilement enfreintes.

En voici l'analyse :

La solde , ne devant être payée qu'aux
hommes présens, s'acquitte tous les dix jours,
entre les mains du quartier-maître-trésorier
de chaque corps, sur une feuille de prêt, constatant l'effectif présent, certifiée par le conseil
d'administration, et visée par le commissaire
des guerres chargé de la police du corps.

La garantie de la fidélité de cette feuille de
prêt, qui même dans le système des revues
comptables , doit encore servir comme pièce

provisoire, est dans l'arrêté du conseil d'administration et dans le visa du commissaire des guerres. La garantie du commissaire des guerres et du conseil d'administration se trouve dans les états de mutation et de mouvement du corps, dont le quartier-maître leur fait la remise tous les cinq jours. Enfin le quartier-maître trouve la sienne dans les états particuliers de situation des compagnies, états fournis par les capitaines qui les commandent et visés par le chef du bataillon. Telle est la chaîne qu'il faut remonter pour arriver à la feuille de prêt; si un seul anneau se détache, on perdra le fil de cette comptabilité, et tous les résultats pourront en être faux ou infidèles.

Pour se défendre de ce danger, on a fait progressivement un devoir aux capitaines de tenir un livret de la situation de leur compagnie, jour par jour; au quartier-maître, de tenir celui de la situation du corps; au conseil d'administration, de transcrire en entier sur un registre ouvert exclusivement pour cette fin, les états de situation tenus par le quartier-maître; et au commissaire des guerres, de faire de ces états de situation, les élémens de ses contrôles qui, en définitif, sont la base de sa revue.

Tous les trois mois, à partir du 1er. vendémiaire de chaque année, le compte de chaque conseil d'administration doit être vérifié et arrêté par le commissaire des guerres chargé de la police du corps. Cette opération pour la solde se réduit à la confection d'un tableau général qui doit être le recensement des mutations et des mouvemens du corps. Ce tableau comprend nominativement les hommes présens qui ont touché leur solde ; on y porte aussi nominativement, mais seulement pour mémoire, ceux qui étant malades ou absens, ont dû à la forme de la loi, recevoir leur solde ailleurs.

En rapprochant ce tableau du journal de caisse où doivent être portées les sommes reçues et payées pour la solde, la balance sera exacte si la feuille de prêt a été fidelle, puisqu'elle n'a dû relater que l'effectif présent.

Il est possible cependant qu'il reste quelquefois en caisse un léger excédent ; dans ce cas, il est porté à compte nouveau pour le trimestre suivant.

A la fin de l'année l'opération se répète d'après les mêmes procédés ; elle embrasse cette période entière de la comptabilité.

Il ne faut pas croire cependant que le

tableau général des états de situation des corps
soit la pièce essentiellement corps et la loi
a exigé une nouvelle formalité qui seule peut
lui donner ce caractère; formalité, au reste,
qui s'éloigne des opérations propres des conseils
d'administration.

Les commissaires des guerres sont les surveillans naturels de toutes les opérations et de
tous les détails relatifs à l'administration des
corps; ils doivent même les diriger. A cet effet,
la loi leur a conféré tous les pouvoirs nécessaires, tels que d'assister aux délibérations des
conseils, de les provoquer aux époques fixées
par les réglemens, de protester contre toute
acte attentatoire aux intérêts de la république,
de vérifier l'état des caisses, d'en arrêter les
registres, ainsi que tous ceux relatifs à l'administration des corps. Mais la faculté la plus essentielle, faculté qui n'appartient qu'aux commissaires des guerres, et qui ne peut être
exercée que par eux, est de passer des revues effectives des corps soumis à leur police (1).

---

(1) Il est une autre espèce de revues, celles qui
sont passées par les inspecteurs généraux des diffé-

Ces revues, qui sont la base de la comptabilité entière des corps, peuvent avoir lieu tous les mois, ou seulement tous les deux ou trois mois. Je rechercherai quel est le mode qu'on doit préférer, lorsque je traiterai des principes de la comptabilité des dépenses de la guerre.

Ces revues se réduiront, quant à la forme, à une vaine cérémonie de parade, si les commissaires des guerres qui les passent, ne sont pas munis de leurs contrôles, ou s'ils ne les ont pas tenus avec régularité; car dans l'un et l'autre cas, n'ayant pas sous leurs yeux leurs contrôles, ou n'ayant pas suivi les mouvemens des corps, et ne pouvant connaître par eux-mêmes, leur force et leur situation, on leur en imposera facilement sur leur état véritable.

Au fond, ces revues faites sans principe et

---

rentes armes ou par les chefs des corps; celles-ci ne doivent se rapporter qu'au service militaire et rester étrangères à l'administration. Des réglemens assez récens ont cependant ordonné que les revues militaires contrôleraient les revues administratives; je crois cette mesure mauvaise; et sans doute, elle n'eût pas été adoptée, si on eût réfléchi que la revue militaire ne portant pas sur les contrôles des corps, ne peut être regardée que comme un état de situation.

au hasard, sanctionneront les erreurs ou les
infidélités des quartiers-maîtres et des conseils
d'administration. Si, au contraire, les commissaires des guerres sont porteurs d'un contrôle journalier et exact, ils y trouveront les
élémens de leurs revues, et leur opération se
réduira à un appel nominal des hommes dont
le corps est composé.

Les revues faites avec ces précautions seront
la sauve-garde de la fortune publique, et seules
elles feront l'apologie de l'administration des
corps ou leur censure.

Les autres branches de la comptabilité se
dirigent sur les mêmes principes; ainsi la distribution des effets d'habillement et d'équippement
n'ayant jamais lieu que sur la feuille de prêt,
les tableaux généraux dont j'ai parlé et les
revues des commissaires des guerres en ré-
gleront la comptabilité; il en est de même
de celle des sommes affectées aux réparations.

Dans l'hypothèse, nécessaire au reste, du rétablissement des masses et des retenues sur
la solde, les règles de la comptabilité resteront
les mêmes : il n'y aura de plus qu'un décompte
général à faire, tous les trois mois, à chaque
corps; et ce décompte se fera encore sur les
revues.

Il faut conclure de tout ceci, que les revues sont la base de toute la comptabilité des corps. Si donc elles sont si essentielles, comment se fait-il qu'elles aient été si négligées?

Deux causes y ont contribué : l'une, la composition actuelle des corps; l'autre, le relâchement général de l'administration. Si, dans ce moment, on ne peut pas toucher à l'organisation de ceux-là, tâchons au moins de rendre à celle-ci toute sa force et la plénitude de ses moyens.

CHAPITRE III.

Des chefs de service.

J'APPELLE chefs de service, les administra‑
teurs chargés d'une fourniture ou d'un service,
par régie, par régie intéressée, ou par en‑
treprise.

S'ils sont entrepreneurs, l'organisation in‑
térieure de leur service doit leur appartenir;
s'ils sont régisseurs, cette organisation sera
l'objet d'un réglement ministériel. Dans l'un
et l'autre cas, les points principaux de l'admi‑
nistration doivent être arrêtés par l'autorité
supérieure.

Les chefs de service sont sous la police
immédiate des commissaires des guerres; ils
cherchent ordinairement à s'y soustraire. Les
commissaires des guerres doivent travailler à
les y soumettre. Le gouvernement doit soutenir,
dans cette lutte pénible et difficile, ces fonc‑
tionnaires qui, seuls, sont ses agens directs
dans l'administration.

Les devoirs des chefs de services se mo-
difient à raison des opérations qui leur sont
confiées. Chacun d'eux en trouvera l'analyse
dans le livre second où j'ai traité du matériel
de l'administration militaire.

CHAPITRE IV.

Des commissaires des guerres.

SECTION PREMIÈRE.

Des fonctions des commissaires des guerres.

IL ne s'agit point ici de faire la nomenclature et de s'appesantir sur les détails des différentes fonctions des commissaires des guerres; un pareil ouvrage serait l'administration militaire dans son intégrité. C'est en étudiant isolément chaque branche de l'administration, qu'on connaîtra parfaitement les devoirs des commissaires des guerres, parce que dans toutes ils jouent un rôle actif. Je dois seulement m'attacher à bien caractériser la nature de ces fonctions, leurs rapports avec les commissaires des guerres, et les modifications que ces rapports doivent imprimer à leur organisation, comme corps.

Les fonctions des commissaires des guerres

sont de deux espèces : les unes de surveillance,
les autres exactement administratives. Cependant, quoique cette division existe en principe, ces fonctions sont tellement connexes
dans la pratique, qu'elles sont dans une dépendance respective et absolue ; et l'on peut
dire que si la surveillance n'est que l'exercice
du pouvoir administratif, celui-ci n'est pareillement que l'application de la surveillance.

En effet, s'il est question de vérifier les consommations d'un corps, ou les paiemens faits
pour sa solde, il faut en connaître la force
réelle, et pour cela, avoir recours à une revue ;
or, une revue est un acte administratif. S'il
s'agit de surveiller les dépenses d'un service
de transport, il faut s'assurer des moyens et
des mouvemens de ce service, et à cet effet,
passer des revues des hommes, des chevaux,
des voitures, etc. ; c'est encore là une opération
administrative.

Ces réflexions me serviront bientôt à décider cette question, qui ne peut être douteuse,
que lorsqu'on les perd de vue : peut-il exister
de surveillance organisée, indépendamment des
commissaires des guerres ?

Comme surveillans, les commissaires des
guerres doivent embrasser tous les détails de

l'administration et des services, pour y maintenir l'ordre et la précision ; ils doivent réprimer toutes les espèces d'abus, surveiller tous les employés et dénoncer les coupables; ils doivent s'occuper essentiellement des distributions et veiller à ce qu'elles soient saines pour les alimens et de bonne qualité pour les effets d'entretien. Ils seront à cet égard dans une défiance continuelle, car il ne leur est pas permis de douter que les entrepreneurs ne cherchent d'une part, à tromper sur les quantités des consommations qui sont l'objet de leurs marchés, et de l'autre, à corrompre les divers agens du gouvernement, pour faire recevoir dans les dépôts militaires comme bon, ce qui serait défectueux. « Mais le plus grand
» malheur de tous, et qui serait presque sans
» remède, serait, ce que je ne présume cependant pas pouvoir arriver, que le commissaire des guerres fut lui-même corrompu
» par l'entrepreneur, jusqu'au point de fermer
» les yeux sur de semblables désordres ; car
» en ce cas tout serait confondu » (1).

Comme administrateurs, les commissaires des

---

(1) Guignard dans son traité de l'*École de Mars.*

guerres dirigent les mouvemens des services, ordonnent les approvisionnemens, désignent les lieux des entrepôts, établissent les magasins, pourvoient ou font pourvoir aux besoins des troupes, et autorisent les distributions partielles ; c'est eux qui sont chargés de la confection des procès-verbaux, des inventaires, des états de situation et des revues ; c'est eux qui vérifient et liquident toutes les dépenses de la guerre; c'est eux enfin qui les arrêtent et en font payer une grande partie.

Sous le premier rapport, les commissaires des guerres sont les régulateurs de tous les services et les protecteurs nés des soldats, et ils répondent à l'état de leur bien-être et de leur conservation. Sous le second, ils sont les économes du gouvernement et disposent d'une portion des revenus publics. S'ils sont probes et éclairés, ils en sont les dispensateurs circonspects et estimables ; s'ils sont ineptes et corrompus, ils en sont les dilapidateurs méprisables et odieux.

Si l'on envisage ensuite les travaux de l'administration militaire dans leurs rapports avec les commissaires des guerres, on reconnaît que ces travaux peuvent se diviser, ou, pour s'exprimer d'une manière plus précise, on reconnaît que les commissaires des guerres doivent être séparés en deux classes, pour s'y livrer avec plus de facilité et de méthode. Leur organisation actuelle (1) en comporte trois ; savoir : les commissaires des guerres de 1ere. et 2e. classe et les ordonnateurs. Mais cette division est dans les mots et non pas dans la chose ; car les fonctions des commissaires des guerres de 1ere. et de 2e. classe, sont absolument les mêmes. Il y a plus, c'est que, de quelque manière qu'on combine leur existence politique, il ne peut jamais y avoir que deux classes de commissaires des guerres : les ordonnateurs et les commissaires ordinaires.

Les commissaires ordinaires sont chargés des détails de l'administration, de la police intérieure des services et de celle des corps ; ils dressent les inventaires, les procès - verbaux, visent les bons, tiennent et font tenir exactement les contrôles des corps et en passent les revues ; dans les places de guerre, dans les armées, par-tout enfin, où se trouvent des troupes, leurs fonctions sont les mêmes.

Les commissaires-ordonnateurs ont sous leur

---

(1) Loi du 28 nivôse an 3.

autorité immédiate, les commissaires-ordinaires des guerres. Ils ne s'occupent pas matériellement des détails de l'administration ; ils les font diriger par les commissaires-ordinaires des guerres. Les ordonnateurs doivent seuls arrêter les décomptes des dépenses quelles qu'elles soient : ils les ordonnancent lorsque le ministre de la guerre les y a autorisé et sur les crédits qu'il leur a fait ouvrir.

Jadis, dans les provinces, les commissaires-ordonnateurs remplaçaient, dans une partie de leurs fonctions, les intendans, lorsqu'ils étaient absens ; ils exerçaient même la police sur les autorités civiles. Aujourd'hui, la constitution a tracé une ligne de démarcation entre les fonctions civiles et les fonctions militaires. Les ordonnateurs sont resserrés dans leurs devoirs propres, et il n'existe entr'eux et les autres autorités que des rapports de service.

Dans le système actuel, on choisit pour diriger l'administration d'une armée, un commissaire-ordonnateur ; dès-lors tous les autres lui sont subordonnés. Cet ordonnateur en chef remplit en partie la place qu'occupait autrefois l'intendant de l'armée.

La dernière organisation des commissaires des guerres, quoique défectueuse sous quelques

rapports, a néanmoins beaucoup fait pour leur
donner de la consistance et les attacher à leurs
devoirs ; elle a aussi parfaitement défini et
déterminé leurs fonctions, ainsi que leurs rapports personnels et étrangers. Et l'on pourrait
s'étonner de la déconsidération dans laquelle
sont tombés les commissaires des guerres,
et du désordre dans lequel leur chute a jeté
l'administration, si, par la loi de leur institution, ils eussent été attachés à une autorité
supérieure qui eût exercé sur eux une surveillance et une action immédiates, et s'ils
eussent conservé l'indépendance de l'autorité
militaire, dans laquelle ils avaient été placés
dans l'origine ; indépendance sans laquelle on
ne conçoit pas qu'ils puissent exercer leurs
fonctions.

Le premier vice dérive des temps dans lesquels la loi a été portée. Alors douze commissions étaient dépositaires de la force exécutive ; les commissaires des guerres furent
mis *aux ordres de ces commissions et sous
leur surveillance respective* (1). De-là nulle
unité dans les plans et dans les opérations.

_____

(1) Article II du tit. 1ᵉʳ. de la loi du 28 nivôse
an 3.

Depuis la suppression de ces commissions, les commissaires des guerres appartiennent au ministre de la guerre; mais dans ce ministère, ils sont encore balotés entre huit ou neuf chefs qui en dirigent partiellement les divisions.

Le second vice ne dérive pas de la loi d'organisation des commissaires des guerres ; mais de ce que cette loi, qui coïncidait avec le système judiciaire de ces temps, s'est trouvée en opposition avec celui qui lui a succédé. C'est encore là un des défauts de notre législation où les lois considérées isolément sont bonnes, lorsque comparées entr'elles, elles péchent par défaut de rapports.

En effet, la loi organique des commissaires des guerres avait déterminé leur indépendance dans l'exercice de leurs fonctions, par ces paroles remarquables : « Les commissaires des » guerres sont dans une indépendance entière » des chefs militaires; ils ne sont susceptibles » d'aucune peine à infliger militairement, mais » ils seront traduis devant les tribunaux mi- » litaires pour cause de malversation (1) ». Dès long-temps les tribunaux militaires n'exis-

---

(1) Article IX du tit. 1er. de la même loi.

tent plus; ils ont été remplacés par des conseils militaires (1), ensuite par des conseils de guerre (2). Avec les tribunaux militaires s'est éteinte la garantie des commissaires des guerres; et la disposition première de la loi n'a plus été qu'un jeu de mot et une ironie, car non-seulement les commissaires des guerres se sont trouvés dans la dépendance des chefs militaires, mais encore leurs justiciables. Par une usurpation naturelle à la force, les militaires sont devenus administrateurs et les commissaires des guerres, leurs commis. De là l'anéantissement de tout système dans l'administration.

Comme il était cependant souverainement injuste de laisser les commissaires des guerres à la merci d'hommes qui, hors les rapports de service, devaient leur être étrangers, on a cherché à leur donner une garantie, en leur accordant, lorsqu'ils seraient traduits en jugement, trois juges pris parmi leurs camarades (3); mais l'action de la justice, la pour-

_____

(1) Loi du deuxième jour complémentaire an 3.

(2) Loi du 13 brumaire an 5.

(3) Loi du 4 fructidor an 5.

suite, l'instruction du délit n'en sont pas moins
entre les mains des militaires. Tant que les
choses resteront en cet état, le désordre n'aura
pas de terme ; car on ne conçoit pas l'existence d'un bon système d'administration sans
l'indépendance des administrateurs, et cette
indépendance ne pourra jamais s'établir tant
que les administrés jugeront ceux qui les administrent.

D'ailleurs la même loi a fait une grande
faute, en accordant à tous les officiers-généraux le droit de faire des réquisitions aux
commissaires des guerres (1). Ce droit, qu'il
fallait au moins définir et sur-tout limiter, ne
devait être laissé qu'au général en chef, avec
cette restriction, qu'il ne l'exercerait qu'envers
l'ordonnateur-général. Hors les armées, le droit
de réquisition doit être interdit.

Que penser actuellement des efforts qu'on
a fait pour rappeler les commissaires des
guerres à l'exécution de leurs devoirs, en leur
donnant des surveillans ? Que ces essais font
honneur aux intentions de leurs auteurs, mais

_____

(1) Article X du tit. 1ᵉʳ. de la loi du 28 nivôse
an 3.

qu'on n'en obtiendra aucun succès, parce
que ce sont des institutions à côté de la chose.

Cette réflexion me conduit à parler de la
création des inspecteurs-généraux. Si on eût
voulu que ces inspecteurs exerçassent seulement une surveillance passive et secrète, ils
auraient pu être de quelqu'utilité. Appelés, au
contraire, à remplir une portion des fonctions
des commissaires des guerres, ces inspecteurs
devenaient un objet de jalousie, et devaient
être éconduits des armées. S'ils eussent exercé
cette surveillance, ils auraient été commissaires
des guerres; car on ne peut rien concevoir
entre le soldat, le fournisseur et le commissaire
des guerres, qui ne soit effectivement commissaire des guerres.

Ce dilème rendra cette vérité plus sensible:
ou les inspecteurs étaient surveillans, ou ils
étaient administrateurs : s'ils étaient surveillans, ils étaient nuls; car on se rappelle que
la surveillance n'est que l'exercice du pouvoir
administratif, et il leur était interdi : s'ils
étaient administrateurs, ils étaient nécessairement commissaires des guerres; dès-lors il
fallait réformer leurs devanciers.

D'un autre côté, pour ne pas enfreindre
la hiérarchie militaire, il fallait soumettre ces

inspecteurs ou aux commissaires-ordonnateurs en chef des armées ou au ministre de la guerre. En adoptant ce dernier parti, on a perdu de vue que les ordonnateurs étant les hommes du gouvernement, cette démonstration publique de méfiance leur était injurieuse et présentait l'idée d'un partage d'autorité, préjudiciable à la marche des opérations militaires. Si les inspecteurs eûssent été soumis aux ordonnateurs, ils auraient manqué sous ce second point de vue, leur destination.

Enfin, croyait-on, en multipliant les surveillans, diminuer les abus ? C'eut été une grande erreur. En créant des surveillans non responsables, on n'a fait que refroidir le zèle et atténuer la responsabilité de ceux à qui la loi a donné le double caractère de surveillans et d'administrateurs.

Concluons donc que les missions de surveillance confiées à des étrangers, sont inutiles, si même elles ne sont dangereuses. Si un ministre veut, dans quelques circonstances, avoir des renseignemens particuliers sur les services et la moralité des administrateurs, les agens qu'il emploiera pour cet objet, n'auront ni dénomination ni caractère publics; ce seront, à parler franchement, d'honnêtes espions.

Ces inspecteurs furent bientôt supprimés et remplacés par des contrôleurs des services et des opérations administratives (1). Tout ce que nous avons dit relativement aux inspecteurs, leur est commun. Ce ne sont là que des palliatifs, et c'est une régénération entière qu'il faut opérer. On ne l'obtiendra que de l'application de ces deux principes : « Rendre aux » commissaires des guerres leur indépendance, » et les rattacher au ministère de la guerre ». La première de ces mesures est législative ; la seconde appartient au ministre. Jusqu'alors il faut renoncer à toutes ces innovations momentanées, parce que les élémens de l'administration sont bons ; il ne s'agit que de les bien combiner, et de travailler à leur complément.

Il serait possible cependant d'organiser des inspections générales qui embrasseraient l'administration militaire proprement dite ; mais pour les lier à elle, il faudrait les confier à des commissaires – ordonnateurs. On partagerait entre eux toutes les divisions territoriales ; chacun, dans son arrondissement, exercerait

(1) Décision du ministre de la guerre, du 6 frimaire an 6.

une surveillance qui ne serait plus illusoire; parce qu'il pourrait l'éclairer par l'exercice du pouvoir administratif. On n'étendrait jamais cette mesure aux armées; elle contrarierait l'autorité des ordonnateurs en chef, qui doit être une.

SECTION II.

De l'organisation du corps des commissaires des guerres.

Les commissaires des guerres ont été créés presqu'aussitôt qu'il y a eu une solde réglée pour les troupes (1). La consistance que dans tous les temps on a cherché à leur donner, et l'étendue de leurs attributions font assez sentir la nécessité absolue de leur existence. Aussi leur institution a-t-elle survécue à toutes celles de l'ancien ordre de choses que la révolution a généralement modifiées, si elle ne les a totalement détruites.

Autrefois l'organisation du corps des commissaires des guerres ne reposa jamais sur des

_____

(1) Leur création remonte au treizième siècle.

principes; elle n'était qu'un objet et une spéculation de finance. Avait-on besoin d'argent au trésor public ? On créait de nouveaux offices de commissaires des guerres, ou bien on exigeait d'eux des supplémens de finances. De cette manière on vit s'élever des commissaires des guerres de différente espèce (1), et s'accroître progressivement la finance primitive de leurs offices.

A la vérité, cette vénalité odieuse sous quelques rapports, et sur-tout par l'abus qu'on en faisait, a été supprimée. Mais en considérant d'un peu près les différentes organisations qui ont été faites depuis la révolution, on reconnaît avec peine qu'on s'est bien moins occupé de former des commissaires des guerres et de s'emparer des citoyens qui se destinent à cet état, pour leur en apprendre la théorie, que d'employer les commissaires des guerres existans, de les classer, et d'en créer de nouveaux; ce qu'on faisait avec la même légèreté, qu'on mettait en circulation du papier-monnaie.

Cependant, s'il est un état dans la société

---

(1) Ordre du mois d'avril 1704 qui crée des commissaires provinciaux.

qui doive fixer la sollicitude du gouvernement,
et pour lequel il lui importe que ceux qui l'exercent, aient du talent, de la moralité et une
sévère probité, c'est celui de commissaire
des guerres. Proposer un plan de réorganisation qui atteigne un but si utile, c'est donc
seconder, devancer même les intentions du
gouvernement. En le traçant, je ne suivrai aucun
des sentiers battus jusqu'à ce jour; je m'attacherais cependant à ne présenter que des vues
d'une facile exécution et sur-tout utiles.

J'appellerais indistinctement à l'honorable
profession de commissaire des guerres tous
les citoyens; mais je les ferais passer par des
épreuves assez sévères pour croire que ceux-
là seuls s'y attacheraient, qui seraient vraiment destinés à la remplir.

J'ouvrirais à jour fixe, dans chaque département, un premier concours où l'on n'admet-
trait que les jeunes gens depuis l'âge de dix-sept
ans, jusqu'à celui de vingt-un; là, en présence
de l'administration départementale et du commissaire-ordonnateur de la division, paraî-
traient les aspirans : on les interrogerait publiquement sur les connaissances qui entrent dans
la première éducation, sur la langue française,
sur les mathématiques, la géographie, etc. ;

on exigerait encore d'eux qu'ils connussent et parlassent une langue étrangère, vivante.

Chaque administration départementale pourrait désigner, toutes les années, un candidat: ce candidat serait, comme on le sent bien, celui qui aurait développé le plus de connaissances acquises dans l'examen public. Le procès-verbal de la séance serait son titre d'admission à l'école dont je vais parler.

A Paris, s'éleverait une école centrale d'administration militaire : on en confierait la direction à un commissaire-ordonnateur auquel on adjoindrait, pour l'aider dans le détail des leçons, deux commissaires ordinaires des guerres. Les devoirs de ces professeurs seraient de tenir un cours public de la théorie de cette science.

Quelques voix s'élèveront peut-être contre ce systême, et s'écrieront : L'administration militaire est-elle donc une science qu'on puisse réduire en principes et apprendre par théorie? Quelle étrange doctrine ! Tous les principes ne sont rien en comparaison de la pratique, et on ne peut former de véritables administrateurs, qu'en les faisant matériellement administrer.

Je conviens que la pratique peut seule per-

fectionner les connaissances de l'administrateur. Mais qu'est-ce que la pratique sans la
théorie? Étudions d'un peu près nos administrateurs actuels, nous verrons que quelques-uns, j'ai presque dit que la plupart
d'entr'eux, ne connaissent de leur état que
les formes; qu'ils n'agissent que par habitude,
et que leur esprit resserré, dans la partie qu'ils
ont dirigée, ne peut franchir cet horizon étroit.
Peut-on ensuite appeler administrateurs, des
hommes qui ne doivent qu'à une grande pratique, à la routine, en un mot, des connaissances toujours superficielles, qu'ils ont la
bonne ou la mauvaise foi de prendre et de donner
pour de la profondeur? N'est-il pas temps de
déchirer le voile dont on enveloppe l'administration militaire, pour la faire croire très-
difficile, et la maintenir dans un état d'obscurité
qui la mène à celui de désordre? La science de
l'administration militaire est peut-être moins
abstraite que beaucoup d'autres; mais s'il faut
étudier pour être jurisconsulte, géomètre, législateur, pourquoi n'étudierait-on pas pour
être administrateur?

Je laisserai tomber ce bourdonnement de la
prévention, et je suivrai le développement d'un
plan qui me paraîtrait meilleur, à raison même

de l'opposition qu'y apporteraient certains hommes.

Il faudrait peut-être examiner quelles devraient être les règles de police intérieure de l'école que je propose ; si les élèves devraient y être renfermés, ou s'ils viendraient seulement y prendre leurs leçons ; et s'ils seraient entretenus aux dépens du trésor public.

Je vais résoudre ces questions par quelques réflexions.

La police supérieure de cet établissement appartiendrait au ministre de la guerre ; car si les bases d'une pareille institution doivent être l'objet d'une décision législative, les détails de la police ne peuvent être confiés qu'au directoire qui les transmettrait au ministre.

On a dit si souvent que le séjour de Paris était dangereux à la jeunesse et à l'inexpérience, que pour défendre les élèves de sa maligne influence, la précaution de les tenir renfermés pourrait paraître bonne ; mais elle serait pire que le mal. D'ailleurs, leur séjour dans cette ville sera d'une trop courte durée pour y former des liaisons qui puissent devenir dangereuses.

Je ne pense pas enfin que l'entretien des élèves doive être à la charge du gouvernement. Dans cette hypothèse, cette école deviendrait bientôt le patrimoine des hommes puissans par leurs places et leur crédit. N'est-ce pas, au reste, au chef de chaque famille à élever ses enfans dans la profession qu'il croit leur convenir, et à faire les frais de leur éducation? Le gouvernement ne doit à la grande famille que des établissemens où les élémens des sciences et des arts soient enseignés gratuitement.

Revenons à nos élèves reçus à l'école publique.

Le cours d'instruction commencerait toutes les années au 1er. vendémiaire; l'ouverture en serait faite en présence du ministre de la guerre et de trois commissaires de la comptabilité nationale; il finirait le 5o thermidor. Dans les trois derniers jours de ce mois, il y aurait un examen public où concourraient seulement les élèves qui, au jugement des trois maîtres, seraient dignes d'y être présentés. Le ministre de la guerre et trois des membres de la comptabilité nationale assisteraient aussi à cet examen. Les élèves répondraient aux questions qui leur seraient publiquement adressées.

Le ministre de la guerre, les commissaires de la comptabilité nationale et les professeurs de l'école, se réuniraient en conseil pour désigner

les élèves qui auraient développé le plus de connaissances ; ils déclareront que ceux-ci ont
subi leurs cours, et qu'ils sont aptes à entrer
dans la carrière du commissariat des guerres.

Dès ce jour, ces élèves seraient brévetés
aides-commissaires des guerres, et on leur al-
louerait un traitement qui ne pourrait excéder
2400 fr. Ils seraient mis à la disposition du
ministre, qui les répartirait suivant les besoins
du service et les attacherait aux commissaires
ordinaires des guerres et aux ordonnateurs.
C'est sous les ordres de ces administrateurs
qu'ils joindraient la pratique à la théorie. On
doit croire qu'ayant déjà la connaissance des
principes, des règles et de *la langue* de l'administration, les plus grandes difficultés seraient vaincues pour eux, et que leurs progrès
seraient plus rapides.

Quant aux élèves qui n'auraient pas paru
à l'examen, ou qui, y ayant été admis, n'auraient pas été du nombre des élus, ils pourront
suivre le cours de l'année suivante, et être
reçus à l'examen public. S'ils sont jugés assez
instruits pour être employés comme aides-commissaires des guerres, ils seront mis à la disposition du ministre ; dans le cas contraire,
ils seront définitivement renvoyés.

Les aides-commissaires des guerres, après trois années d'activité de service en cette qualité, pourront être appelés aux fonctions de commissaire des guerres, si toutefois ils ont atteint l'âge de 25 ans révolus.

On ne formera que deux classes de commissaires des guerres :

Les commissaires ordinaires des guerres et les ordonnateurs.

Outre qu'il n'y a aucune nécessité, comme je crois l'avoir déjà dit, à diviser les commissaires ordinaires des guerres, en commissaires de première et deuxième classe, puisque leurs fonctions sont les mêmes, cette division établit entr'eux une hiérarchie qui doit amener insensiblement de la différence dans leur manière d'opérer, et par suite des modifications qui confondront la méthode et la responsabilité administratives.

Dès que les aides-commissaires seront élevés aux fonctions de commissaires des guerres, ils recevront leur brevet des mains du commissaire-ordonnateur de la division où ils se trouvent employés ; ils se retireront par-devers lui, pour prêter leur serment et fournir un cautionnement en immeuble de 20,000 fr. Une copie certifiée de l'acte de cautionnement sera envoyée au ministre de la guerre; une autre à la comptabilité nationale.

Ce sera parmi les commissaires ordinaires des guerres que seront choisis les ordonnateurs; mais nul ne pourra être ordonnateur avant 30 ans révolus. Ils seront nommés par le directoire, sur la présentation du ministre de la guerre.

Après vingt-cinq années d'exercice, un commissaire ordinaire des guerres sera de droit commissaire-ordonnateur.

Le commissaire-ordonnateur, nouvellement promu, fournira un second cautionnement de 40,000 fr. par-devant l'ordonnateur qui lui remettra son brevet. Une copie de l'acte de cautionnement sera envoyée pareillement au ministre, et une autre aux commissaires de la comptabilité nationale.

Il est inutile, je crois, de prouver la nécessité et l'utilité de ce cautionnement. Jadis il était dans la finance de l'office; il fallait y suppléer de quelque manière, car les commissaires des guerres ont une grande responsabilité, et sans garantie pour le gouvernement, cette responsabilité serait toujours illusoire. Le cautionnement que je propose remplira ce but, sans contrarier notre constitution et nos principes administratifs.

D'ailleurs, il m'est démontré que cette mesure attachera à leurs devoirs les commissaires des guerres, qu'elle les rendra comptables plus circonspects, surveillans plus exacts, et meilleurs administrateurs; elle attachera aussi le gouvernement aux commissaires des guerres, qui ne seront plus exposés à perdre leur état sur des dénonciations vagues et souvent faites à dessein de les supplanter. Enfin la comptabilité nationale, en apurant les comptes de l'administration militaire, trouvera sur quoi frapper en cas d'erreurs ou d'infidélités de leur part.

Je fixerais le nombre des commissaires-ordonnateurs à 35 ;

Celui des commissaires ordinaires à 250;

Et celui des aides-commissaires à 100.

En calculant la totalité des cautionnemens sur le nombre des ordonnateurs et des commissaires, on aura une masse de 7,100,000 fr.

Je n'exclurais pas de la possibilité d'être appelé aux fonctions de commissaires des guerres, les employés subalternes du ministère de la guerre et les quartiers-maîtres des corps ; mais j'exigerais qu'ils fissent leurs cours de théorie à l'école d'administration. S'ils subissaient leur examen d'une manière avantageuse, je voudrais qu'ils fussent affranchis d'être employés comme aides-commissaires des guerres ; cependant ils ne pourraient être reçus à l'école centrale qu'autant qu'ils justifieraient avoir travaillé dans l'administration militaire, au moins pendant trois années.

Toutes les fois que la confiance du ministre appellerait des employés ou des administrateurs, quels qu'ils fussent, aux places supérieures du ministère, la lettre de promotion serait pour eux un brevet de commissaire des guerres ; s'ils quittaient leurs emplois dans le ministère de la guerre, ils pourraient être employés comme commissaires des guerres, dans leur grade respectif; alors ils prêteraient le serment et fourniraient leur cautionnement.

Telles sont les idées mères d'un plan qui, mis à exécution, attachera fortement à l'administration militaire, les commissaires des guerres ; et l'on ne peut se dissimuler que l'on doit, en grande partie, les désordres présens à l'indifférence et à l'esprit d'égoïsme qui les en isolent.

CHAPITRE V.

Du ministre de la guerre, considéré comme chef de l'administration militaire.

SECTION PREMIÈRE.

Réflexions sommaires sur l'organisation actuelle des ministères.

SI je ne voulais établir que les rapports du ministère de la guerre avec l'administration militaire, quelque soit l'importance de ce sujet, il serait bientôt rempli; mais il présenterait un grand vide, si auparavant je ne m'arrêtais sur la nature et l'étendue des attributions des ministères en général; si je ne jetais un coup d'œil rapide sur leur organisation intérieure; si je ne recherchais comment elle se coordonne avec l'administration publique, quelle influence y exercent personnellement

les ministres, et comment enfin cette institution s'est reproduite de ses cendres.

Des siècles de monarchie s'étaient éclipsés devant la révolution; au milieu des mouvemens
convulsifs et précipités qui en étaient inséparables, toutes les institutions anciennes avaient
été brisées. Dans cette ardeur de détruire ce qui
constituait et rappelait l'ordre de choses passé,
on s'occupait peu d'améliorer l'état présent,
et on ne jetait pas même un regard sur l'a-
venir; aussi les élémens de l'économie politique
de l'état étaient confondus, et le temps gros de
sinistres présages. L'administration sur-tout,
qui déjà avait essuyé différentes modifications , disséminée entre douze commissions
exécutives qui remplaçaient les ministères ,
était arrivée à un point de désorganisation
absolue (1).

Tout-à-coup la France est appelée à sortir
de ce cahos; la constitution de l'an 3 vient
régler ses destinées. Les pouvoirs se divisent
et se balancent; la législation, rappelée à sa
pureté originelle, est rendue à ses simples et

_____

(1) Loi sur le gouvernement révolutionnaire , du
12 germinal an 2 de la république.

sublimes fonctions; le soin pénible de l'exécution des lois est confié à une autorité indépendante; on recrée les ministères, et bientôt
on en détermine les attributions (1).

Les ministres ne sont plus les créateurs des
règles administratives et ne partagent plus avec
un gouvernement absolu la faculté de faire la
législation de leurs départemens; chargés seulement de l'exécution des lois et des détails de
l'administration, les résultats de celle – ci et
les infractions portées à celles-là, sont sous
leur responsabilité; isolés les uns des autres,
ils ne se réunissent que près du pouvoir auquel
ils sont subordonnés, et qui est le régulateur de
l'ensemble exécutif. Cependant leurs fonctions,
quoiqu'entourées de moins d'éclat et de puissance, n'ont rien perdu de leur utilité et de leur
intérêt.

Mais le législateur, en recréant les ministères,
ne s'est pas occupé de leur organisation intérieure; il l'a abandonnée à la volonté passa-
gère et versatile des ministres. Cette lacune
législative, dangereuse dans toutes les circonstances, l'était bien plus encore dans le nouvel

----

(1) Loi du 10 vendémiaire an 4.

ordre de choses, sur-tout en sortant d'un état qui
lui était diamétralement opposé. Hé! ne devait-
on pas sentir que les ressorts d'un gouvernement
vigoureux et neuf devaient être trempés plus
fortement que ceux d'un gouvernement faible
et usé? Ne devait-on pas prévoir aussi que les
ministères n'étant pas jetés sur des formes nouvelles, se modeleraient sur ce qu'ils avaient
été, et présenteraient le squelette impuissant
de leur grandeur passée, au lieu du spectacle
de la force et de la vigueur qu'ils auraient tirées d'une régénération entière?

Pénétrons, en effet, dans l'intérieur des
ministères : qu'y voyons – nous ? des chefs de
division créés par la volonté des ministres
et déplacés de même; les attributions des ministères partagées sans motifs entre plusieurs
divisions; chaque division embrasser plus ou
moins d'attributions, d'après des considérations
étrangères ; les divisions marcher sans plan,
sans accord et sans but ; le travail, qui
dans l'administration n'obtient des succès que
d'un grand ensemble, arrêté par le classement
particulier auquel les petites puissances des bureaux l'assujettissent; enfin, les chefs regardant
leurs divisions sous un faux point de vue, les
organiser en ministère, et trop souvent négliger

les devoirs utiles et pénibles de leur place,
pour le frivole étalage d'une représentation
ridicule et déplacée, ou bien se rendre inacces-
sibles pour jouer les hommes d'état.

Au milieu de cet assemblage informe, s'élèvent les ministres ; eux seuls constituent les
ministères, car eux seuls peuvent en rassembler
les élémens ; mais si on ôte les ministres, les
ministères tombent en parcelles ; si on les laisse,
les ministères n'en seront pas mieux organisés.
Pour que l'administration pût prendre un essor
élevé, il faudrait des ministres d'un génie assez
étendu, pour saisir l'ensemble d'une infinité de
détails épars dans sept ou huit divisions ; d'une
grande activité, pour ramener sans cesse à eux
les fils de l'exécution abandonnés aux mains
d'autant de chefs ; et enfin, travailleurs in-
fatigables, pour passer de là aux grandes
conceptions d'améliorations, d'ordre et d'é-
conomie qui doivent les occuper essentiellement.

De pareils ministres sont plus aisés à concevoir qu'à trouver : d'ailleurs peut-on de bonne
foi exiger d'eux, qu'ils aient des vues étendues,
quand on les resserre dans un cercle d'objets
particuliers ? Peut-on attendre de leur administration, des résultats généraux, quand ils ne

peuvent lui donner que des impulsions partielles?

Jadis la législation des ministères appartenait aux ministres ; c'était un vice en politique : l'exécution appartenait aux ministères ; c'était un bien en administration.
Actuellement la pensée exécutive doit être
l'apanage des ministres, et le mécanisme des
détails doit rester sous la garantie de leurs
bureaux.

Si après avoir parlé des abus qui découlent
du défaut d'organisation, je soulevais le voile
qui en cache les désordres, on verrait les
chefs indifférens sur leurs devoirs, regarder
leur exaltation comme une faveur de la fortune, et travailler uniquement à la fixer; on
verrait les subordonnés sans appui et sans émulation, craindre à chaque instant de perdre leur
emploi, par l'effet de ces mouvemens qui, sous
les noms d'épuration et de réforme, viennent
deux ou trois fois par an ajouter à la désorganisation des ministères; on verrait ces mêmes subordonnés, négliger des travaux auxquels leur
existence précaire ne permet pas qu'ils s'attachent; on verrait les portes, les antichambres,
les salles des ministères encombrées, attester
que l'expédition des affaires est arriérée, et les

cabinets ne s'ouvrir souvent qu'au solliciteur
en crédit, riche ou corrupteur, lorsqu'ils restent fermés au pétitionnaire modeste, pauvre
et honnête. Mais éloignons le tableau de tant
de maux, et que la rassurante perspective de les
voir finir avec une organisation bien conçue,
de la stabilité dans les plans, et une responsabilité commune à tous les employés, en efface
jusqu'au souvenir!

Proclamons donc hautement, qu'on ne peut
avoir d'administration qu'avec un système et
des plans suivis; des établissemens publics,
qu'en leur donnant de la consistance et l'organisation qui leur est propre. Ajoutons encore
que, si ces principes sont bons dans tous les
gouvernemens, on doit les observer plus rigoureusement encore dans le nôtre, où les ministres devant être nécessairement changés quelquefois, et où ces mutations, si cependant
elles ne sont pas multipliées outre – mesure
importent au maintien de notre existence politique, il faut cependant défendre les ministères de cet esprit d'innovation que chaque
fonctionnaire porte dans sa place en y entrant;
esprit qui est le caractère dominant de notre
nation.

Je prévois une première objection : si l'orga-

nisation actuelle est si mauvaise, me dira-t-on,
comment se fait-il que les ministres, chacun
dans son département, n'aient pas opéré des
réformes, et ne faites-vous pas de leur conduite
une critique trop amère ? Non : on peut dire
que la conduite des ministres a été ce qu'elle
devait être. Placés dans des circonstances difficiles sous tous les rapports, il est possible de
croire qu'ils n'ont pas eu assez de liberté d'esprit pour méditer des plans généraux, et assez
de temps pour y travailler. Il y aurait de
la partialité à leur reprocher des torts qui ne
sont pas exclusivement leur ouvrage. D'ailleurs, en créant les ministères, on a fait,
je le répète, une grande faute de ne pas s'occuper de leur organisation; parce qu'il était
évident que le premier soin des ministres, devant être de faire marcher l'administration
publique, qui ne pouvait souffrir aucune interruption, ils seraient obligés de remettre en
action les ressorts qui se trouvaient en place
et sous leurs mains.

Les mêmes causes se sont opposées dans la
suite, à une réforme devenue de plus en plus
nécessaire ; on en compte encore une nouvelle,
l'intérêt des chefs de divisions. Qu'on se rappelle, en effet, que ces chefs sont, sous le

manteau du ministre, absolus dans leur partie, et dégagés de toute responsabilité, et l'on concevra sans peine qu'ils ne feront rien pour détruire un ordre de choses qui flatte leur vanité et ne peut jamais les compromettre.

Pour combattre cette opinion, que l'organisation des ministères est un objet législatif, on dira peut-être que les ministres étant responsables, on doit leur laisser le droit et la liberté d'organiser leurs bureaux, et qu'en agissant autrement on leur enlève leur garantie.

Ce serait de toutes les erreurs la plus grossière, et pour la dissiper par un rapprochement, je citerai la trésorerie nationale. Certes, s'il est une autorité indépendante, théoriquement à la vérité (1), mais matériellement responsable, c'est elle. Son organisation cependant a été l'objet de plusieurs lois (2); et il n'est entré dans l'idée de qui ce soit, d'avancer

---

(1) Je démontrerai, dans un autre chapitre, que l'indépendance de la trésorerie n'est qu'une idée abstraite, et que, pour n'avoir pas défini cette indépendance, elle n'existe pas.

(2) Lois des 13 novembre 1791, 31 septembre 1792, et 4 janvier 1793.

que par-là, elle ait cessé d'être responsable.
Ce qu'on a fait pour la trésorerie, il n'est pas
de raison qui s'oppose à ce qu'on le pratique
pour les établissemens publics qui sont, en première ligne, les leviers du gouvernement, parce
que ces établissemens constituent essentiellement la république et ne doivent pas être
abandonnés à quelques individus.

Mais détruisons l'objection : ce n'est pas
enlever aux ministres les moyens d'administrer
que déterminer le mode de leur administration ;
c'est plutôt étendre leurs devoirs. Je fais même
observer que si c'est, d'une part, augmenter
leur responsabilité, c'est, de l'autre, ajouter à
leur garantie ; car c'est particulièrement dans
l'observation des règles qui leur seront prescrites, qu'ils la trouveront. C'est d'ailleurs déterminer leur influence qui dès-lors ne pourra
plus devenir abusive, ni altérer même momen-
tanément l'ensemble de l'organisation ministérielle.

En dernière analyse, l'organisation ministérielle étant une des branches qui entrent dans
la législation, de même que la loi a déterminé
les attributions des ministères, de même elle
aurait dû en faire le classement dans leur intérieur. C'est de cette source première que doivent

16

découler les principes de toute l'économie de la république; et si rien n'intéresse autant la généralité des citoyens que le maniement des deniers publics et le maintien des lois qui garantissent à chacun sa sûreté, sa propriété et sa liberté, c'est au pouvoir qui représente cette généralité et à qui on ne conteste plus le droit d'en stipuler les intérêts, qu'il appartient de tracer les règles de conduite de ceux à qui la direction en est confiée.

SECTION II.

Plan de réorganisation du ministère de la guerre.

Jusqu'à présent j'ai généralisé la matière que je traite; il est temps de m'occuper particulièrement du ministère de la guerre. Cette discussion présentera un double intérêt, car s'il est un ministère dont le désordre puisse compromettre la sûreté de l'état et ruiner ses finances, c'est celui-ci, qui embrasse la direction de ses principaux moyens de force et de défense et dépense le plus, même en temps de paix.

Si j'avais à considérer ce ministère dans son

essence, j'aurais à agiter une question de la plus haute importance, celle de savoir s'il devrait être régi par un chef unique, ou s'il devrait être divisé et administré par des conseils.

Je retrouverai dans les ouvrages (1) où cette question est discutée, des renseignemens précieux, et elle ne resterait pas indécise ; mais leurs auteurs ont raisonné dans les rapports de ce ministère avec le gouvernement sous lequel ils vivaient ; et ils proposaient de mettre, à la place du secrétaire d'état qui en disposait souverainement, une institution qui pût défendre la constitution militaire de l'arbitraire et des erreurs d'un pareil régime.

Je n'ai pas à balancer de si grands intérêts. Le ministre n'est plus que le dépositaire et l'exécuteur passif de la législation militaire ; l'unité qui doit caractériser cette exécution, et l'étude des ressorts de notre gouvernement, font assez connaître qu'un seul ministre suffit à ce département. Mais encore faut-il déterminer les formes intérieures de

---

(1) *Mémoires de Saint-Germain ; Examen critique du militaire français ; l'Esprit militaire.*

ce ministère et les défendre des changemens que la volonté des ministres pourrait y apporter.

Quelles seront ces formes ? Je m'étais proposé de rechercher seulement celles qui s'appliquent à l'administration : mais mon sujet s'agrandit naturellement; il prend même un tel degré d'intérêt, que je ne peux me refuser à en considérer l'ensemble.

Les attributions du ministère de la **guerre** embrassent :

1°. La levée, la composition, la police et le mouvement de l'armée de terre, j'y comprends la gendarmerie ;

2°. Le travail sur les grades, avancemens, secours, retraites et pensions militaires ;

3°. La solde ;

4°. Les vivres, les hôpitaux, les fournitures et autres approvisionnemens ;

5°. Les équipages de transports aux armées et dans l'intérieur ;

6°. L'administration des établissemens destinés aux invalides ;

7°. La direction de tous les services et la police des commissaires des guerres ;

8°. Le personnel et le matériel de l'artillerie et du génie.

Il n'est pas une de ces attributions qui ne puisse être divisée ; mais ce serait de tous les systèmes le plus mauvais, et malheureusement c'est celui qu'on a suivi jusqu'à ce jour.

Si nous pénétrons, en effet, dans l'intérieur du ministère de la guerre, nous y verrons autant de divisions que nous avons compté d'attributions ; encore souvent les partage-t-on pour en faire passer les subdivisions, des unes aux autres. Il résulte de-là que le travail ne se fait qu'en hésitant et au milieu des contradictions, et que les opérations du ministère, qui ne peuvent s'apprécier que par les résultats, en présentent rarement d'exacts, et jamais de généraux.

Si on pouvait douter de cette vérité, on en trouverait l'aveu dans ces expressions du compte rendu d'un ministre (1) : « On conçoit » qu'un travail de ce genre (la reddition de » son compte) est le résultat d'une infinité » de renseignemens qu'il a été très-difficile » de rassembler et qui ne peuvent être d'une » exactitude rigoureuse. Il faudrait, pour ob- » tenir cette exactitude, que tous les agens

_____

(1) Le citoyen Pétiet.

» secondaires rendissent, chacun, compte de la
» partie d'administration qui leur est confiée,
» le même jour, d'après les mêmes principes
» et avec la même intelligence ».

Le ministre convient donc de ce que
j'ai démontré, qu'il y a bien un fonctionnaire appelé de ce nom, mais qu'il n'y a
point de ministère. Hé! en effet, y a-t-il un
ministère, là où le travail ne peut pas être
réglé, là où il n'y a pas unité dans les principes, et là où l'intelligence du ministre ne
peut pas diriger celle de ses subordonnés. Enfin
tous les abus du ministère ne sont-ils pas
dévoilés, puisque le ministre est forcé de prévenir ses lecteurs que les renseignemens sur
lesquels il a rédigé son compte, ne sont pas
d'une *exactitude rigoureuse*. C'est comme s'il
eût dit qu'ils étaient faux; car on ne conçoit
pas plus la fidélité en administration, sans une
exactitude rigoureuse, qu'on ne peut appeler
vérité ce qui ternit le mensonge.

Je n'avais pas été si loin dans mes assertions : je soutenais bien qu'avec une mauvaise
organisation, un ministre pouvait difficilement
se procurer tous les renseignemens qui doivent
former les élémens de son compte; mais il
ne serait jamais entré dans ma pensée qu'il

ne pût en obtenir que d'infidèles. Je ne m'ap-
pesantirai pas sur les réflexions qu'une pareille
révélation fait naître ; j'en tirerai seulement
une preuve nouvelle de la nécessité urgente
de réorganiser ce ministère.

Pour opérer cette refonte d'après des données justes et sur des bases solides, il faut
étudier l'affinité qui règne entre les différentes
attributions du ministère de la guerre; car,
vues isolément, elles peuvent paraître ne pas
se toucher, lorsque rapprochées, elles se lient
d'une manière presqu'indivisible ; et le ministère de la guerre qui, par la multiplicité de
ses attributions, se partage en beaucoup de divisions, peut bientôt ne présenter que trois
grandes sections, si on unit ces divisions par
leurs points de contact.

En effet, qu'est-ce que la *levée*, *la composition*, *la police*, *le mouvement de l'armée
de terre*, *le travail sur les grades*, *avancemens*, *récompenses*, *secours*, *retraites et
pensions militaires ?* Qu'est-ce, dis-je, que
ces attributions, sinon cette portion de la
constitution de l'armée qui embrasse sa formation, sa force, ses mouvemens, l'état et le
sort des militaires, cette portion enfin qui se
désigne par le mot *personnel ?*

Qu'est-ce que *la solde*, *les vivres*, *les hôpitaux*, *les fournitures et autres approvisionnemens*, *les équipages de transports aux armées et dans l'intérieur*, *l'administration des établissemens destinés aux invalides*, *la direction de tous les services et des commissaires des guerres?* Qu'est-ce, dis-je, que ces attributions, sinon cette autre portion de la constitution de l'armée qui a trait à son administration proprement dite, et qui se désigne par le mot *matériel?*

Enfin, qu'est-ce que le *personnel et le matériel de l'artillerie et du génie*, sinon cette dernière portion de la constitution de l'armée, qui en forme le complément?

Si donc toutes les divisions du ministère de la guerre peuvent se réduire à trois, c'est sur cette base que je formerais mon plan. Alors je le diviserais en trois grandes sections exécutives; j'y ajouterais un secrétariat général, où se ferait la correspondance propre du ministre, et où serait le dépôt des archives; et j'aurais en grand le cadre du ministère.

J'ai hésité quelque temps si je proposerais de confier la police des commissaires des guerres à la première section; il paraissait que, sous le rapport de leur état et de leur avancement, ils devaient faire partie de celle-ci qui embrasse le *personnel* de l'armée ; mais c'est par leurs fonctions qu'ils se rattachent au ministère de la guerre, et leurs fonctions s'appliquent essentiellement à l'administration.

Cette réflexion m'a déterminé à les mettre sous la direction de la seconde section. Qui pourrait en effet mieux surveiller leurs opérations que cette section qui leur communiquera les ordres du ministre ? Qui pourrait aussi mieux choisir leur destination et influer sur leur avancement, que cette section qui jugera sciemment de leur aptitude et de leur moralité ? Je proposerais cependant, sans détacher de la seconde section les commissaires des guerres employés à surveiller les travaux et la comptabilité du matériel de l'artillerie et du génie, de les subordonner pour tous les détails de leur service à la troisième section. S'il s'agissait ensuite de leur déplacement ou de leur avancement, le ministre ne prendrait aucune détermination sur la proposition de la seconde section, qu'autant qu'elle serait appuyée d'un rapport motivé de la troisième.

J'ai été aussi indécis, si je proposerais, pour la liquidation des dépenses de la guerre, la création d'une quatrième section ; peut-être l'importance d'un pareil travail l'eût justifiée ; mais , après avoir long-temps réfléchi sur la nature de ce travail, j'ai reconnu qu'il n'était que le complément des opérations administratives, et qu'on ne pouvait pas l'en détacher entièrement ; d'où j'ai conclu qu'il suffirait d'établir un bureau central de liquidation , qui aurait seulement des rapports d'ordre avec les trois sections exécutives du ministère. Je définirai la nature de ces rapports , l'indépendance et les devoirs de ce bureau ; je proposerai aussi les bases de son organisation intérieure , lorsque je parlerai de la liquidation des dépenses de la guerre.

Maintenant que j'ai divisé les attributions du ministère entre trois sections exécutives, il faut résoudre ces deux questions bien essentielles. Par qui seront administrées ces sections ? Le seront-elles par un chef ou par un conseil ?

Si on fait administrer les sections exécutives par un chef, on retombera dans presque tous les inconvéniens qu'on aura voulu éviter et surtout dans celui de l'instabilité du système administratif , parce que le chef de chaque section étant à la disposition du ministre, (et il faut toujours lui laisser le droit de nommer ses

employés) sera souvent déplacé; il y a au
moins de fortes raisons de croire qu'il le
sera à chaque changement de ministre. Or,
comme ce chef aura été le seul point de réunion de toutes les opérations de la section,
avec lui disparaîtront toutes les notions d'ensemble et le plan suivi jusqu'alors.

D'ailleurs, comment concilier la garantie du
ministre avec un chef unique qui, dépositaire
dans chaque section de tous les matériaux de la
partie qu'il administrerait, pourrait les dénatu-
rer ou les anéantir; ou qui, couvrant ses bévues
ou ses infidélités, de la responsabilité du ministre, pourrait impunément le tromper, sauf
ensuite à opposer le ministre à lui-même.

Si au contraire, on met à la tête de chaque
section du ministère un conseil, l'administration acquerra plus de consistance et de stabilité,
effets nécessaires de cette persévérance dans les
mêmes maximes, qu'on ne peut trouver que dans
une réunion d'hommes; le ministre de son côté
y trouvera la garantie de ses décisions qu'il
ne peut le plus souvent prendre que sur les renseignemens qui lui sont communiqués par ses
bureaux; enfin, les ordres du ministre cessant d'être promenés dans huit ou neuf divisions, perdront ce caractère d'incertitude et

cette faiblesse d'exécution qu'on y remarque.

Les attributions des sections étant connues, on peut facilement se faire une idée de la nature et de l'étendue de leurs devoirs respectifs ; il est par conséquent inutile d'en parler plus en détail.

Cependant j'ai dit ailleurs qu'il fallait soumettre les marchés à des formes ostensibles et les passer dans le sein du ministère de la guerre. Je dois démontrer qu'on pourra se servir des sections, pour les entourer de formes qui auront ce caractère et qui seront vraiment la sauve-garde de la fortune publique.

Expliquons cette assertion.

La loi, en mettant au nombre des attributions du ministère de la guerre les fournitures de toute espèce, a bien entendu que le ministre pourvoirait à ces approvisionnemens et aux services, et qu'il emploierait le mode administratif qui lui paraîtrait le plus convenable. Mais elle n'a pas dit, comment dans le système des entreprises les marchés seraient passés.

En laissant implicitement au ministre la faculté d'agir librement, la loi a sagement fait sous le premier rapport ; car, s'il est vrai de dire que les entreprises doivent être généralement employées, il faut convenir aussi que la régie intéressée peut, dans quelque circonstances et sur-tout en temps de paix, être mise en usage avec succès : mais sous le second rapport, la loi n'aurait pas dû laisser la même latitude au ministre. Parlons donc des règles qu'elle aurait du établir; règles qui découlent naturellement de notre plan.

Toutes les fois qu'il y aura un marché à passer dans la seconde et la troisième section, car il ne pourra jamais y en avoir dans la première, il sera rédigé un cahier de charges par le conseil de la section que le marché regardera. Ce cahier de charges sera examiné par le bureau de vérification en qui reposera essentiellement le maintien des formes de la comptabilité, et sera approuvé par le ministre.

Ce cahier de charges sera déposé dans le secrétariat général du ministère, où chacun pourra en prendre librement connaissance. Une affiche publique annoncera le jour du dépôt, le temps qu'il durera et l'intervalle pendant lequel les soumissions seront reçues.

Les soumissions reçues et échangées contre un récépissé, seront remises à la section qui fait passer ce marché. Cette section réunie au bureau de liquidation, fera son rapport au ministre sur les soumissions, et émettra son opinion

sur celle qui lui paraîtra mériter la préférence, à raison des talens, de la probité et de
la sûreté que présenteront les soumissionnaires.
On ne pourra refuser une copie du rapport à
chacun d'eux.

Le ministre prendra sa décision sur ce
rapport; il ne sera pas tenu de s'y confor-
mer, alors il énoncera les motifs de sa détermination.

Tous les marchés généraux seront passés
dans le mois de fructidor, pour commencer au
1er. vendémiaire suivant; leur durée ne pourra
jamais être de plus de trois années, qui finiront
à pareil jour 1er. vendémiaire. Cette mesure
sera rigoureusement observée, afin que les mutations des services coïncident avec les cou-
pures des exercices annuels de la comptabilité.

Le directoire pourrait casser les décisions
du ministre avant que les entreprises fussent en
activité; en aucun cas, il ne devrait les approuver.

Il ne me reste plus qu'à rechercher quelle
sera la forme de chaque conseil des sections
exécutives et celle du secrétariat général; quels
seront les moyens de communication des conseils avec le ministre, et l'ordre de leur travail;
quels seront enfin, les rouages secondaires des
sections.

Je composerais le conseil de chaque section de trois membres ; savoir :

Celui de la première section, de deux officiers – généraux, l'un d'infanterie, l'autre de cavalerie, et d'un administrateur ;

Celui de la seconde section, de trois administrateurs ;

Celui de la troisième, de deux officiers-généraux, l'un d'artillerie, l'autre de génie, et d'un administrateur.

Dans la première et la troisième section, les administrateurs seroient chargés de tout le contentieux.

Pour assurer l'ordre du travail et la garantie du ministre, il serait tenu dans chaque section des registres, où seront inscrits les rapports faits au ministre et ses décisions, ainsi que la correspondance propre de la section ; correspondance qui ne pourra jamais avoir lieu que pour rappeler les dispositions d'une loi vivante, ou pour la transmission des ordres positifs du gouvernement et du ministre.

Les communications s'établiraient journellement entre le ministre et les sections, par l'intermédiaire de l'un des membres qu'il choisirait.

Le ministre ne pourrait jamais renvoyer, hors les cas de prevarications, plus d'un

membre des conseils de chaque section; ces
renvois ne pourraient être faits qu'à un intervalle au moins d'une année.

Dans le secrétariat général on distingue facilement deux opérations, celles particulières
au ministre et celles du ministère. Je mettrais
en conséquence à la tête de ce secrétariat, un
secrétaire-général et un secrétaire-adjoint; le
premier serait essentiellement l'homme du ministre, l'autre celui du ministère. Le secrétaire - général pourrait être changé à chaque
mutation de ministre et à leur volonté. L'ad-
joint ne devrait être renvoyé qu'en cas de
malversation.

Enfin, hors de chaque section, je créerais
autant de bureaux particuliers qu'il y a de
branches administratives dans le ministère.
Cette division ne présenterait aucun inconvénient, parce qu'elle ne porterait plus sur l'esprit
des opérations, mais seulement sur le travail
matériel. Ces bureaux seraient absolument
passifs; ils ne correspondraient ni n'agiraient
au-dehors du ministère; tous leurs travaux
reviendraient à la section à laquelle ils tiendraient.

Il est plus essentiel que jamais de rappeler
que le traitement des fonctionnaires publics

doit être proportionné à l'importance de leurs fonctions; je ne crois donc pas qu'on puisse fixer celui de chaque membre des conseils des sections, au-dessous de 12,000 fr., et celui de chaque commissaire-liquidateur, au-dessous de 10,000 fr. Ce serait corriger en partie cette disproportion qu'on remarque entre les traite - mens des différens fonctionnaires; disproportion choquante, qui doit disparaître d'un système d'égalité bien entendu.

Avec une organisation ministérielle ainsi combinée, un bon ministre pourra faire de grandes choses; un ministre médiocre en fera de moins mauvaises: et leur changement influera peu sur l'ordre général; car, en se retirant, ils n'emporteront que leurs conceptions propres, et la marche du ministère restera toujours la même.

Ici je m'arrête : de nouveaux développemens sortiraient de la conception de mon plan, et ne peuvent appartenir qu'à son exécution. Je ne chercherais pas non plus à prévenir toutes les objections qu'on pourrait me faire ; je prévois cependant celle-ci qui serait au reste la plus spé- cieuse « : La composition du conseil de chaque » section détruira l'unité d'action et ralentira » la marche du ministère ». J'y fais cette

réponse qui constitue l'essence de la théorie
que je viens d'exposer, et qui est la pierre de
touche pour en juger sainement : « L'unité
» d'action est dans le ministre; la marche de
» l'administration est dans les sections exé-
» cutives ; le travail matériel se fait dans les
» bureaux ; les sections proposent, mais ne
» décident pas ; elles obéissent au ministre ».

LIVRE QUATRIÈME.

De la comptabilité du ministère de la guerre.

CHAPITRE PREMIER.

Des formes nécessaires des pièces comptables des dépenses de la guerre.

SECTION PREMIÈRE.

Division de ce chapitre.

LES dépenses de la guerre se divisent et se subdivisent à l'infini; si l'on voulait descendre dans le détail des formes de comptabilité qui leur sont particulières, on ferait une vaste compilation de quelqu'utilité peut-être, mais la lecture en serait rebutante. On se perdrait dans un dédale de pratiques minutieuses dont on reconnaîtrait difficilement l'analogie et le motif. Je suivrai une marche plus simple et plus méthodique ; je classerai les dépenses de la guerre , et j'appliquerai à chaque classe ses principes généraux.

Ainsi je parlerai :

Premièrement, des formes nécessaires de la comptabilité de la solde ;

Secondement , des formes nécessaires de la comptabilité des dépenses qui doivent être justifiées par des revues ;

Troisièmement , des formes nécessaires de la comptabilité des dépenses étrangères aux revues.

On pourrait compter deux autres espèces de dépenses : les extraordinaires et les secrètes. Celles-ci ne sont pas de nature à être l'objet d'un compte public, et sont affranchies de toutes les règles de la comptabilité ; les autres rentrent dans une des classes communes et sont soumises aux mêmes formes. Si cependant elles sont tellement extraordinaires qu'elles ne puissent être classées , circonstance qui ne se présentera qu'aux armées , la responsabilité de leur paiement appartiendra toute entière aux ordonnateurs ou aux généraux en chef.

SECTION II.

Des formes nécessaires de la comptabilité de la solde.

J'ai dit que la solde de présence s'acquitte sur les feuilles de prêt, certifiées par les conseils d'administration des corps et visées par les commissaires des guerres chargés de leur police. La feuille de prêt est donc en ce moment, en soi, pièce comptable. Ce système s'éloigne entièrement de celui des revues, que j'ai annoncé être le système par excellence.

Deux moyens se présentent pour revenir aux revues :

Le premier serait de supprimer totalement les feuilles de prêt et de les remplacer par de simples états de situation, au bas desquels seraient des quittances provisoires; lesquels états et quittances provisoires seraient échangés à la fin de chaque mois contre des revues comptables, portant décompte et quittance finale : ces revues seraient la décharge des payeurs. Dans ce système, il n'y aurait qu'une seule pièce comptable pour chaque corps et chaque détachement, la revue de chaque mois.

Le second moyen serait, en conservant les feuilles de prêt, de ne leur laisser dans la comptabilité qu'un caractère provisoire, et de prescrire qu'elles ne pourraient y être admises définitivement, qu'autant qu'elles seraient appuyées chaque mois d'une revue portant décompte. Dans ce système, il y aurait deux pièces comptables, les feuilles de prêt et la revue.

Le premier mode présente un grand avantage, celui de son extrême simplicité ; mais à raison même de cette simplicité, il deviendrait nécessairement abusif, parce qu'il ne reposerait plus que sur des états de situation, auxquels, dans tous les cas, on ne doit ajouter que très-peu de confiance. Ce mode nécessairement très-relâché, serait inadmissible dans les armées.

Le second mode est plus compliqué : je fais cependant remarquer que s'il présente une pièce comptable de plus, cette pièce existe déjà. Je n'établis entre ce mode et l'autre que cette seule différence : c'est qu'au lieu de sortir cette pièce de la comptabilité, je l'y laisse. D'ailleurs cette pièce, qui est la feuille de prêt, se trouve liée à la tenue des contrôles ; si on la supprimait, la tenue des contrôles deviendrait moins rigoureuse, ce qu'il est très-essentiel d'empêcher.

Ces raisons me déterminent à adopter le second système. Mais pour en simplifier la marche, je proposerais de réduire les époques des paiemens de la solde, qui actuellement ont lieu le 1, le 11 et le 21 de chaque mois, à deux époques, que je placerais au 1er. et au 15. Je ferais, par cette mesure, disparaître de cette comptabilité, un tiers des écritures et des pièces dont elle se compose ; je laisserais, en outre, à chaque conseil d'administration et à chaque commissaire des guerres, une quinzaine entière pour achever et régulariser les opérations de la quinzaine précédente, et ce sont là deux avantages inappréciables.

D'après ces premières données, voici comment je combinerais le système de la comptabilité de la solde.

Le 1er. de chaque mois, chaque corps et chaque détachement, dans le cas où celui-ci aura, par sa position, un conseil d'administration indépendant de celui du corps, recevront des payeurs, la solde, sur une feuille de prêt constatant l'effectif présent.

Cette opération se répétera le 15 de chaque mois sur les mêmes formes.

Du 1er. au 10 de chaque mois, il sera passé par les commissaires des guerres ayant la police des corps et des détachemens, une revue pour servir à la comptabilité du mois précédent.

Cette revue sera transmise aux payeurs avant le 15 de chaque mois. Les payeurs feront sur la colonne des hommes effectivement présens, le décompte des corps et des détachemens; s'il est encore dû aux corps, on les soldera; si les corps se trouvent débiteurs, les payeurs feront la retenue de la somme due sur le prêt du 15 au 30 du même mois.

Toutes les fois que la revue dont je parle, ne serait pas remise aux payeurs avant le 15 du mois, ceux-ci seront autorisés à suspendre le paiement de la solde de la feuille de prêt du 15 au 30 du même mois.

Les payeurs joindront à chaque revue, les deux feuilles de prêt du mois auquel la revue se rapporte. Là se trouveront le complément des formes de la comptabilité de la solde et la libération des payeurs.

Le décompte général qui se fera tous les trois mois, sur les mêmes revues, deviendra seulement une opération rigoureuse et nécessaire, lorsque les retenues sur la solde seront rétablies. Jusques-là le décompte serait, à dire

vrai , aussi inutile , qu'il serait embarrassant
de le faire tous les mois, en supposant les retenues
existantes.

Descendons maintenant dans les ressorts
particuliers de cette comptabilité ; étudions et
analysons les moyens secondaires qui doivent
garantir la fidélité de la feuille de prêt et l'exactitude des revues.

Ces réflexions me ramènent aux élémens des
revues, et l'on se rappelle sans doute que ces
élémens ne sont autre chose que les contrôles
des corps.

Il est donc évident 1°. que si les commissaires des guerres ne tiennent pas ou ne peuvent
pas tenir avec exactitude , les contrôles des
corps soumis à leur police , ils ne pourront
point juger du mérite de la feuille de prêt ;
2°. que les contrôles n'existant pas , ou n'étant
pas exacts, le paiement de la solde ne reposera ,
en grande partie , que sur la feuille de prêt ;
d'où il résultera que les quartiers-maîtres seront, en quelque manière , les régulateurs ex-
clusifs de cette portion essentielle des dépenses
publiques. Cependant, il n'est dans l'esprit d'aucune de nos lois , que le maniement de la
solde soit laissé aux hommes qui, ayant l'intérêt le plus direct à en abuser, doivent être ,

par cette raison même, surveillés avec plus de sévérité.

Il est donc de la plus haute importance de rechercher les moyens d'assurer la tenue des contrôles. Pour que cette discussion soit plus facile à saisir, je vais définir ce qu'on entend par *contrôles*.

Les contrôles, matériellement parlant, sont des formules imprimées qui renferment un certain nombre de colonnes destinées à recevoir, compagnie par compagnie, les noms des militaires de tous grades attachés à chaque corps dont se compose l'armée, et à recevoir encore les mouvemens et les mutations de ces mêmes hommes, c'est-à-dire, s'ils sont présens au corps, en route, en mission, en congé, aux hôpitaux, etc. Les formules de ces contrôles doivent être envoyées chaque année, par le ministre, aux commissaires des guerres.

Quant à l'opération administrative, elle se réduit, de la part des commissaires des guerres, à inscrire, jour par jour, sur ces formules, les états de mutations et de mouvemens des corps; états qui, comme on le sait, doivent leur être remis tous les cinq jours par les quartiers-maîtres des corps.

Ce ne doit être qu'après avoir rapproché de leurs contrôles la feuille de prêt qui leur est présentée, et après s'être convaincus qu'elle y est conforme, que les commissaires des guerres doivent la certifier : c'est aussi sur ces contrôles qu'ils doivent passer leurs revues ; s'ils ont été tenus avec régularité, l'opération se réduira à un appel nominal par compagnie.

Les contrôles sont le miroir qui réfléchit aux commissaires des guerres, et par leur intermédiaire, au ministre, la force des corps et leurs mouvemens intérieurs. Les contrôles sont indispensables aux commissaires des guerres pour établir leurs revues ; et c'est seulement sur les contrôles joints aux revues, que le ministre peut connaître et apprécier la généralité des dépenses de son département.

Après ces explications, on doit rester convaincu de l'utilité de la tenue des contrôles ; heureusement la théorie en est tellement simple, que hors des armées, nulle circonstance, nul événement ne peuvent la contrarier dans la pratique. Dans le fait, la tenue des contrôles n'exige de la part des commissaires des guerres, qu'une exactitude soutenue et un travail moins difficile que monotone. Il suffira de vouloir fortement qu'ils remplissent cette formalité essentielle, pour l'obtenir d'eux.

Il s'agit donc bien moins de chercher les moyens de contraindre les commissaires des guerres à tenir leurs contrôles, que de prendre des précautions efficaces pour s'assurer qu'ils les tiennent ; il en est une bien simple qui ne manquera jamais son but : c'est d'assujettir les commissaires des guerres à joindre à la feuille de prêt qu'ils certifient, un extrait sommaire des contrôles restés entre leurs mains.

La loi a voulu seulement (1) que les commissaires des guerres certifiassent la feuille de prêt, d'après les états de mutations qui leur auront été fournis. Où est la preuve que le vœu de la loi a été rempli ? Dans les certificats des commissaires des guerres. Mais pourquoi se contenter d'une attestation qui ne peut jamais produire qu'une croyance morale, lorsqu'on pouvait exiger un acte qui aurait donné une conviction matérielle ? Cette facilité ne devait-elle pas, et n'a-t-elle pas effectivement fait dégénérer, en formalité purement de forme, une formalité réellement nécessaire ?

---

(1) Article II de la section première du tit. 8 de la loi du 2 thermidor an 2, sur la solde.

La loi porte encore une disposition plus abusive (1) : elle a autorisé les commissaires des guerres à viser les feuilles de prêt, lors même que les états de mutations et de mouvemens des corps ne leur auraient pas été remis, sous la condition cependant de faire mention dans leur *visa* de cette infraction et d'en prévenir le ministre.

Mais pourquoi supposer le cas où les états de mutations ne seraient pas remis aux commissaires des guerres ? N'est-ce pas dire qu'il est possible que ces cas se présentent ? N'est-ce pas autoriser les quartiers-maîtres à les faire naître ? N'est-ce pas enfin détruire d'un trait de plume, dans son essence, la théorie des contrôles , qu'on ne peut concevoir sans une tenue non interrompue ?

La loi devait au contraire enjoindre aux commissaires des guerres de ne certifier les feuilles de prêt qu'autant que les états de mutation leur auraient été remis. On n'avait pas à craindre que les quartiers-maîtres missent dans la même balance l'oubli ou le mépris de

_____

(2) Art. V de la même section, du même titre de la même loi.

cette remise et les plaintes que la cessation du paiement de la solde eût fait élever contr'eux.

Cependant il peut arriver qu'il y ait impossibilité absolue à faire certifier les feuilles de prêt par les commissaires des guerres. La loi a bien prévu cette impossibilité, mais elle n'a pas précisé les cas où elle peut se rencontrer. Il n'en est que deux : lorsque les troupes sont en marche, ou lorsqu'il ne se trouve pas sur les lieux un commissaire des guerres qui puisse en prendre la police.

La loi a voulu, dans ces circonstances, que les conseils d'administration remplaçassent les commissaires des guerres (1). Cette disposition blesse les principes, car les conseils se trouvent appelés à être juges de leur opération personnelle, puisque déjà ils ont certifié, en leur qualité, la feuille de prêt; que leur certificat porte quittance; et qu'ils la certifient de nouveau, au lieu du commissaire des guerres qui est à leur égard une autorité supérieure et contradictoire.

Pour corriger cette inconvenance choquante,

_____

(1) Art. VIII du même titre, de la même section, de la même loi.

il faudrait faire remplacer dans cette fonction les commissaires des guerres par une autorité civile, telle que les commissaires du directoire près les administrations ou les agens municipaux. Ces fonctionnaires ne certifieraient pareillement la feuille de prêt qu'autant qu'on leur représenterait les états de mutation du corps ou du détachement qui doit toucher la solde ; ils joindraient à la feuille de prêt une copie certifiée de l'état de mutation, et en remettraient également une copie certifiée au commandant du corps ou du détachement, qui serait tenu de la remettre lui-même au commissaire des guerres qui, le premier, serait chargé de la police de la troupe qu'il commande.

Enfin, tout le système des contrôles reposant sur leur tenue non interrompue, il fallait prescrire des mesures pour que, même en cas de déplacement des corps ou d'absence des commissaires des guerres, les contrôles des corps dont la police leur était confiée, ainsi que les états de mutation visés en leur absence par les commissaires du directoire ou les agens communaux, fussent exactement remis aux commissaires des guerres sous la police desquels passeraient de nouveau les corps.

La loi que j'ai déjà citée, dit seulement (1) : « Les conseils d'administration des
» corps réserveront les états de mutations et
» de mouvemens pour les remettre au com-
» missaire des guerres, *aussitôt que les cir-*
» *constances se présenteront* ». Quoi de plus
vague et de plus indéterminé que l'idée que
présentent ces derniers mots; et pouvait-on
espérer de maintenir avec des dispositions
aussi molles, l'ordre en matière de comptabilité
principalement, où tout doit être de rigueur
et emporter, au moins pour le moment, déchéance de paiement?

Je proposerais, toutes les fois qu'un corps
devrait se déplacer et changer de garnison, de
rétablir cette ancienne diposition qui portait
que les contrôles du corps tenus jusqu'alors
par le commissaire des guerres qui en avait la
police, fussent par lui remis, sous une enveloppe cachetée, au commandant du corps qui
était lui-même tenu de remettre le paquet dans
le même état, au commissaire des guerres de
la nouvelle garnison où le corps arrivait. Il

----

(1) Art. IV de la sect. 1ʳᵉ. du titre 8 de la même
loi.

faudrait en outre assujettir les commandans des corps à faire pareillement aux commissaires des guerres, la remise des états de mutations, visés par l'autorité civile en l'absence de ceux-ci. Il est évident qu'il ne pourrait exister alors aucune lacune dans la tenue des contrôles, puisque ces contrôles et les élémens dont ils se composent, reviendraient nécessairement et toujours aux commissaires des guerres : c'est en cela, je le répète pour la dernière fois, que consiste toute la théorie des contrôles.

Ces précautions remplies, il est démontré que la feuille de prêt ne serait acquittée qu'après avoir été certifiée sur les contrôles des corps. C'est là une première garantie pour le gouvernement ; il lui en faut une seconde que je lui conserve, celle qui repose sur les revues. Autrement il pourrait arriver que les états de mutations remis par les quartiers-maîtres ne fussent pas toujours fidèles ou exacts ; et c'est pour reconnaître leur fidélité ou leur inexactitude, que les commissaires des guerres doivent passer des revues effectives des corps.

La loi du 2 thermidor avait seulement ordonné, pour la solde, des revues de trimes-

tre (1). Si on n'eût voulu s'en servir que pour
faire les décomptes aux corps, elles eussent
été suffisantes; mais elles devaient encore contrôler les feuilles de prêt. Or il est évident que
des revues, faites seulement tous les trois mois,
étaient trop éloignées des paiemens pour remplir cet objet essentiel. Encore faut-il convenir
que ces revues de trimestre ont été totalement
négligées : si quelques-unes ont été passées,
si elles ont été envoyées au ministre de la
guerre, comme elles n'étaient pas indispensables dans la comptabilité de la solde, puisque
la feuille de prêt était, ce qu'elle est toujours,
en soi, pièce comptable, elles ont été empilées
dans les cartons du ministère, pour n'en sortir
jamais.

C'est sur ce mode infiniment vicieux, que
la comptabilité de la solde s'est traînée pendant quelques années. De temps à autre des
lettres ministérielles ont stimulé le zèle des
commissaires des guerres et ont rappelé l'obligation de passer des revues. Mais ces lettres
produites par les circonstances, ne leur ont

_____

(1) Article 1er. de la sect. 2 du tit. 8 de la même
loi.

pas survécu et sont toujours restées sans exécution.

Cependant l'instruction du 1er. nivôse an 5, à laquelle on ne peut reprocher que de n'être pas assez étendue, exhuma, si je peux me servir de cette expression, la théorie des revues ; elle fit une obligation aux commissaires des guerres d'en passer tous les mois. Mais ces revues ne devaient s'appliquer qu'à la comptabilité des fournitures ; celle de la solde n'y gagna donc rien, et l'autre peu de chose, parce qu'en fait de comptabilité militaire, c'est par la solde qu'il faut commencer : il serait aussi difficile d'arriver à un bon système de comptabilité, en s'écartant de ce principe, que de faire remonter un fleuve à sa source.

Enfin, un arrêté très-récent du directoire exécutif (1), vient de systématiser cette partie de la comptabilité. Les revues y sont impérativement exigées tous les mois, et les payeurs sont autorisés à suspendre le paiement des traitemens des commissaires des guerres, des chefs des corps et de tous militaires qui, par leur fait, empêcheraient ou retarderaient la confection des

_____

(1) Arrêté du 15 fructidor an 6.

revues (1). Cette disposition rigoureuse contre les individus, doit être remplacée par cette disposition sévère en principes : de déclarer que la revue est partie intégrante de la comptabilité, et que seule elle pourra opérer la libération des payeurs. Si on supprime en outre une des époques des paiemens de la solde, pour placer les deux qui resteront au 1er. et au 15 de chaque mois, le système de cet arrêté commencera à se rapprocher du mien. Au reste, cet arrêté est déjà un premier pas bien marqué vers un meilleur ordre de choses.

Je reviens au développement de mon système : pour s'assurer que les commissaires des guerres ne passent leur revues que sur les contrôles qu'ils tiennent ou qu'ils doivent tenir, il sera prudent d'exiger d'eux qu'ils joignent à leurs revues un extrait certifié de ces contrôles.

C'est sur ces revues, appuyées des extraits des contrôles, que le ministre de la guerre fera personnellement établir, tous les trois mois, les décomptes à toutes les troupes de la république.

En suivant ce procédé, le ministre réglera

_____

(1) Article XVII du même arrêté.

très-facilement, chaque année, la comptabilité
de la solde ; il en connaîtra avec certitude les
résultats; car il ne s'agira plus que de faire faire
la supputation des décomptes généraux des
corps, arrêtés sur les revues de chaque trimestre.

C'en est assez pour donner une idée claire
et précise du système que je crois le meilleur
pour la comptabilité de la solde,et de ses règles ;
aux armées, ces règles seront les mêmes. Cependant on ne négligera rien pour en assurer l'exécution, parce qu'elle pourra éprouver quelques
obstacles. Ces obstacles naissent de la division
des corps, de leur déplacement, de celui même
des commissaires des guerres et de la célérité
des mouvemens militaires; célérité qui, faisant
passer successivement sous leur police, une
multitude de corps ou de détachemens qui rarement y restent plus d'un mois et souvent
moins, rend la tenue des contrôles excessive-
ment mobile et difficile à suivre.

Ces vérités paraissent avoir échappé à quelques administrateurs, ou du moins ils ont appliqué aux revues ce qui n'est relatif qu'aux
contrôles. Ainsi on lit dans l'instruction qui fait
suite à la loi du 28 nivôse : « Il est souvent im-
» possible en campagne et dans de fréquens

» mouvemens des corps, occasionnés par les
» opérations de la guerre, de procéder au tra-
» vail des revues. Mais on peut conserver en
» tout temps les moyens de réparer cette omis-
» sion dans un moment plus tranquille, en se
» faisant remettre exactement les états de mu-
» tations des corps. Avec ces états, on profite
» du premier moment de repos pour assembler
» les corps et l'on refait les revues omises ».

Ce n'est pas les revues qu'il est difficile de passer; car, quels que soient les mouvemens des corps, ils se trouvent toujours, ou leurs dé-tachemens, sous la police d'un commissaire des guerres. Or, comme c'est particulièrement en présence de l'ennemi que les corps observent le plus rigoureusement leur tenue militaire, les revues peuvent y être passées à chaque instant, et plus facilement que par-tout ailleurs. C'est seulement les contrôles qu'il est difficile de tenir, parce que les mouvemens rapides et imprévus de la guerre peuvent déranger les dispositions d'ordre les mieux combinées.

C'est au reste une doctrine infiniment dan-gereuse à répandre, que de dire aux commis-saires des guerres qu'ils peuvent se dispenser de passer leurs revues aux époques fixées par la loi; comme encore leur laisser la liberté d'éloigner les époques des revues, est destructif de toute comptabilité, parce qu'alors les revues portent nécessairement sur un effectif des corps, autre que celui qui existait au moment où les revues auraient dû être passées.

On lit encore dans cette instruction : « A » l'armée, le transport des contrôles pouvant » être embarrassant ou même impossible, » (ce qui n'est pas (1)) les commissaires » des guerres peuvent se contenter d'une » feuille nominative des présens sous les » armes, qui leur sera remise à chaque com- » pagnie par le sergent-major, ou même, si » les circonstances exigent célérité, compter » simplement les individus, et y avoir égard » lors de leurs arrêtés de revues ». Le rédac- teur se met ici plus à l'aise ; il sacrifie la tenue des contrôles à l'incommodité de les porter : il va plus loin ; il détruit le système des revues.

Cette manière de faire, si facile, mais si abusive, n'a que trop prévalu sur les règles, et l'on connaît par expérience les résultats qu'elle a donnés. Il est vrai que ces résultats

---

(1) Note de l'auteur.

ruineux pour le trésor public, n'ont pas été infructueux pour tout le monde.

Il faut rejeter, proscrire tous ces moyens évasifs, toutes ces facilités dangereuses, et exiger, même dans les armées, l'observation de toutes les formes de la comptabilité de la solde, à l'exception cependant du *visa* de l'autorité civile qui sera remplacé par celui des commandans des places ou des cantonnemens. Qu'on ne s'y trompe pas, au reste, si l'observation de ces formes est, sous quelques rapports, plus difficile aux armées ; les commissaires des guerres y sont plus multipliés, et cela fait une juste compensation.

On a proposé dans cette instruction la création, dans chaque armée, d'un bureau central de revues, *qui serait chargé de recueillir, tous les trois mois, les états de mutations et de mouvemens des différens corps, qui leur seront envoyés par les commissaires des guerres, avec de simples états de revues où ils ne comprendront que l'effectif des hommes dont le corps aura été composé pendant le trimestre.*

C'est toujours la même opinion : On regarde les contrôles comme faciles à tenir, puisqu'on suppose que les commissaires des guerres se procureront sans efforts les états de mutations

des corps. Pourquoi donc , encore une fois , les
affranchir de l'obligation de passer leurs revues,
puisqu'avec les états de mutations , les contrôles
sont censés exister , et qu'avec des contrôles ,
la confection des revues se réduit à une formalité que j'ai démontré aisée à remplir ? Le résultat de cette innovation serait d'anéantir
l'action des commissaires des guerres dans la
comptabilité, pour la transporter dans le sein
d'un bureau qui ne pourrait pas l'exercer , et
auquel elle doit par conséquent rester étrangère.

Je conçois cependant l'utilité dont pourrait
être un bureau central dans une armée ; mais
il faudrait en faire un bureau de liquidation
chargé seulement de maintenir les règles et les
formes de la comptabilité , et d'établir sur les
revues les décomptes des fournisseurs , et ceux
de trimestre pour les corps. J'analyserai les
opérations de ce bureau , lorsque je parlerai
de la liquidation des dépenses dans les armées.

Pour reposer les idées de mes lecteurs et les
fixer invariablement , je vais faire la récapitu-
lation des règles qui constituent mon système
de comptabilité de la solde.

1°. Les commissaires des guerres tiendront,
jour par jour et sans interruption , les contrôles

des corps ou des détachemens soumis à leur police.

2°. Lorsque les corps se déplaceront ou changeront de garnisons, les contrôles tenus jusqu'alors par les commissaires des guerres seront remis par eux, sous une enveloppe cachetée, aux commandans en chef des corps, qui seront eux - mêmes tenus de remettre le paquet aux commissaires des guerres en activité de service dans les lieux où les corps arriveront.

3°. C'est sur les contrôles tenus par eux, que les commissaires des guerres viseront les feuilles de prêt : ils joindront à chaque feuille de prêt, en la visant, un extrait de leurs contrôles.

4°. Lorsqu'il n'y aura pas sur les lieux, des commissaires des guerres, une autorité civile certifiera, dans les formes prescrites par la loi, la feuille de prêt. Dans les armées, cette formalité sera remplie par les commandans des camps ou des places.

5°. Le 1 et le 15 de chaque mois, la solde sera payée aux troupes, sur des feuilles de prêt revêtues des formes légales.

6°. Chaque mois, du 1 au 10, il sera passé par les commissaires des guerres, pour servir au décompte de la solde du mois précédent, une

revue effective des corps soumis à leur police.
Cette revue, partie essentielle et intégrante
de la comptabilité de la solde, sera remise aux
payeurs avant le 15 de chaque mois.

7°. Les payeurs feront sur cette revue le décompte de la solde aux corps; si cette revue
n'est pas remise aux payeurs avant le 15 de
chaque mois, ils seront autorisés à refuser le
paiement de la feuille de prêt du 15 au 30 du
même mois.

8°. Les payeurs joindront aux feuilles de
prêt de chaque mois, la revue qui s'applique
à ce même mois; et ce sera seulement sur ces
trois pièces réunies que les paiemens leur seront alloués en dépense.

9°. La revue de trimestre de chaque corps,
revue qui n'est, au reste, autre chose que la
revue ordinaire, sera envoyée dans les 15 premiers jours du mois qui la suit, au ministre de
la guerre. Dans les armées, l'envoi en sera fait
aux bureaux de liquidation.

10°. Et enfin, le ministre seul fera établir
les décomptes de trimestre aux troupes stationnées dans l'intérieur de la république. Aux
armées, ces décomptes seront faits par les bureaux de liquidation, qui les transmettront au
ministre, pour les apprécier définitivement.

Ici se termine l'analyse des règles de la comptabilité de la solde de présence.

J'aurais à parler encore des règles de la comptabilité de la solde payable aux militaires malades dans les hôpitaux, en route, et légitimement absens de leurs corps, si je ne les avais rappelées dans le chapitre de la solde. Ces règles sont simples ; ce serait une raison pour qu'il se glissât des abus et des doubles emplois dans cette partie de la comptabilité, si on négligeait de la faire contrôler par des revues.

Ce contrôle découle de la contexture même de ces revues qui, d'une part, contiennent la liste nominative des militaires ayant droit à la solde de présence, et de l'autre, celle des militaires en route, en mission et aux hôpitaux, qui ont droit à une autre espèce de solde, et qui, ainsi que je l'ai déjà fait observer, sont portés sur les revues, pour mémoire. Cette solde ne se paie pas dans le sein des corps ; c'est un nouveau motif pour que les paiemens en soient plus particulièrement vérifiés. Cette vérification rentre dans la liquidation générale des dépenses de la guerre : j'y reviendrai lorsque je traiterai cette matière.

SECTION III.

Des formes nécessaires de la comptabilité des dépenses qui doivent être acquittées sur des revues.

Les fournitures de quelque nature qu'elles soient, se divisent, pour l'ordre de la comptabilité, en deux classes; savoir : les fournitures que les entrepreneurs versent directement, et en masse, dans les entrepôts de la république, et celles qui se distribuent journellement à la troupe, pour sa nourriture, son habillement, son armement, son chauffage, etc. Les premières se placent dans la catégorie des dépenses étrangères aux revues; les secondes, dans celle des dépenses qui doivent être acquittées sur des revues. La revue n'est cependant pas la seule pièce justificative de celles-ci; elle est, si l'on peut se servir de cette expression, le complément nécessaire des autres.

Je raisonne toujours dans le système des entreprises; il en serait tout autrement dans celui des régies, où les dépenses des fournitures ne se justifient que par des comptes particuliers.

En effet, si des régisseurs avaient à rendre,

je le suppose, le compte d'une fourniture de
pain faite à la troupe, ils auraient d'abord à
prouver la fourniture des matières premières,
en rapportant les factures d'achat des grains,
ensuite à présenter les dépenses de régie et
de manutention, ce qui comprend le traitement des employés, les frais de mouture, de
boulangerie, de cuisson, etc; ils auraient encore à établir la comptabilité des matières;
c'est-à-dire, que telle quantité de grains a donné
tant de rations de pain, et à prouver l'emploi
des matières, par la consommation; enfin, ils auraient à présenter leurs comptes en derniers, par
recette et dépense. Si on ajoute qu'auparavant
que les régisseurs puissent dresser leur bilan
général, il faut qu'ils aient reçu et vérifié les
comptes des deux cents comptables de toute
espèce; si on réfléchit que ce que j'applique à
la fourniture du pain est commun à toutes les
autres fournitures, on restera convaincu que
les détails qu'il faut parcourir dans cette comptabilité sont inextricables, qu'ils rendent la
vérification des comptes tardive et presqu'impossible, et leur liquidation nécessairement
inexacte et infidèle.

Cependant les partisans des régies soutiennent
encore que, dans ce système, la comptabilité

peut présenter les mêmes résultats que dans celui des entreprises, parce que, disent-ils, l'on peut aussi exiger que les consommations soient justifiées par des revues. Mais il est assez indifférent que cela soit ainsi; car, si par un abus inhérent à la régie, les frais de manutention triplent la valeur des objets consommés, on voit que c'est comme si, la revue n'existant pas, on eût pu tripler les consommations. Or, dès qu'il est impossible de déterminer les dépenses d'une régie militaire, même en temps de paix, il n'y a rien à répondre à l'objection que je viens de faire (1).

Il faut donc s'en tenir aux entreprises; car, d'une part, on ne pourra pas être trompé sur les prix des fournitures, puisqu'ils doivent être l'objet d'une convention, et que cette convention elle-même doit être soumise à des formes ostensibles; et de l'autre, on ne pourra l'être sur les quantités distribuées, si on les contrôle par des revues.

Le système des revues doit donc être appliqué aux fournitures; mais si on attend les

_____

(1) Cette objection ne frappe pas sur la régie intéressée en temps de paix.

revues de trimestre pour faire payer aux entrepreneurs ce qui leur sera dû, on entravera le service ; on l'arrêterait même, car il serait difficile qu'ils pûssent le soutenir, pendant les trois mois qui précèdent ces revues, avec leurs propres fonds ou sur leur crédit.

Si, pour parer cet inconvénient, on fait compter chaque mois des à compte aux fournisseurs, sur des états approximatifs, on retombera, pour les fournitures, dans les abus qui existaient à l'égard de la solde ; car il est évident que des revues passées tous les trois mois, seront trop éloignées des époques des paiemens pour servir à les contrôler.

Quelle méthode adoptera-t-on donc pour faire payer aux fournisseurs leurs avances, et pour concilier leurs besoins avec les intérêts de la république ?

On établira pour règle générale, de payer les fournisseurs chaque mois, pour les objets livrés dans le mois précédent.

Les pièces justificatives sur lesquelles on ordonnancera les paiemens, seront : 1°. l'état général des consommations faites, dressé sur les bons des parties prenantes, lesquels bons seront ensuite annullés ; 2°. la revue du corps ou du détachement qui aura reçu la fourniture.

Les fournisseurs rapporteront encore leurs marchés, parce que si ces marchés ne sont pas les pièces justificatives de leurs fournitures, ils établissent cependant le droit qu'ils avaient de fournir et les prix qui leur sont accordés.

On tiendra rigoureusement à l'exécution des deux formalités dont je viens de parler, par deux raisons :

La première, que si on exigeait seulement l'état des consommations, il pourrait arriver que cet état excédât les consommations effectives des corps, puisque les revues seules fixent invariablement la quotité des consommations, et qu'en aucun cas, l'état des consommations ne peut déterminer le nombre des consommateurs. D'ailleurs, si les revues manquaient, des fournisseurs infidèles, des quartiers-maîtres et des commissaires des guerres corrompus pourraient, par les moyens faciles que la manipulation des bons leur fournirait, enfler à volonté les consommations (1).

---

(1) Ces vérités sont d'une application générale ; cependant il était d'autant plus essentiel de les rappeler, que dans ces derniers temps, où les revues ont été trop souvent négligées, on doit croire que

La seconde, que si on n'exigeait que les
revues, il serait possible aux fournisseurs de
se faire payer ce qu'ils n'auraient pas fourni;
et cela leur serait encore très-aisé, sur-tout
dans les pays conquis, où les armées sont souvent entretenues par réquisition.

Je sais bien que, si méprisant toutes les
règles et tout respect humain, les chefs, par
une facilité ou une connivence bien coupable,
laissent les fournisseurs se munir de pièces
qui établissent des consommations, lorsqu'ils
n'auront rien fourni; je sais bien, dis-je, que
tout ce système d'ordre et d'économie s'écrou-
lera. Ici, il n'y a plus de remède; car si le
principe, qui doit vouloir le bien, veut le
mal, le mal doit exister. Au reste, il est des
vérités que rien ne peut étouffer, et mille voix
s'écrieraient un jour : « Telle armée a été

---

les états des consommations auront été plus d'une
fois la seule pièce sur laquelle les paiemens auront
été effectués. Mais ces paiemens sont irréguliers, contraires même aux lois; et le travail d'une sage liquidation doit s'attacher particulièrement à l'examen
de cette branche de la comptabilité, pour faire rentrer
au trésor public les sommes qui, de cette manière,
en auront été indûment détournées.

» entretenue pendant un tel espace de temps par
» les habitans des pays conquis ; nous dévoi-
» lons la conduite des administrateurs infidèles
» qui ont porté en ligne de compte des fourni-
» tures pendant cet intervalle : qu'on leur fasse
» restituer le produit d'une malversation si
» infâme ; et que leurs noms soient voués
» à une honte éternelle ».

Les revues qu'on passera chaque mois,
du 1er. au 10, pour la solde, seront les pièces
qui serviront à arrêter les états des consommations faites ; ces revues seront adressées
aux ordonnateurs des divisions, qui doivent
rester chargés de ce travail : dans les armées,
elles seront envoyées aux bureaux de liquidation.

Peut-être dira-t-on, comment parvenir à
faire faire, chaque mois, des revues par les commissaires des guerres, puisque jusqu'à ce jour
on a pu obtenir d'eux, à peine, des revues de
trimestre ? J'ai répondu à cette objection en
détruisant le préjugé, que la confection des
revues était pénible et difficile. Au reste, le
moyen le plus puissant de réussir à en avoir,
sera de renoncer à payer par à compte, et de
prononcer la déchéance des paiemens dans tous
les cas où les formalités prescrites par les lois

ne seraient pas remplies. Dans le fait, si les formalités doivent être bannies dans beaucoup de circonstances, il faut les conserver dans la comptabilité dont elles sont une portion constitutive et intégrante.

Je me suis fait cette autre objection qui naît, dans mon système de comptabilité, de la multiplicité des revues. J'ai hésité si je proposerais de les établir seulement tous les deux mois; car l'intervalle de trois est évidemment trop long. J'ai rejeté cette idée, lorsqu'après un examen réfléchi, il m'a été démontré que la confection de chaque revue était, tout au plus, une opération de quelques heures, et j'ai préféré donner ce surcroit de travail aux commissaires des guerres, plutôt que de diminuer les revues qui sont, en dernière analyse, la base de l'ordre administratif et la pierre angulaire de la comptabilité.

Dans cette partie, comme dans toutes les autres, les opinions ont été très-controversées et ont amené des modes différens dans la pratique. Ainsi, l'on a vu d'abord les commissaires des guerres assujettis à passer leurs revues tous les mois, ensuite tous les deux mois seulement (1).

_____

(1) Ordonnance de juillet 1749.

Bientôt on est revenu au premier système (1). Enfin, on s'est contenté, il est vrai que c'est dans le cours de la révolution, des revues de trimestre (2). Ce mode avait été conservé par la loi du 2 thermidor an 2.

Il me semble que, pour se décider dans une question de cette importance, il ne faut consulter que l'intérêt du gouvernement. Cet intérêt veut que les revues soient combinées de manière que toute la comptabilité y soit liée. Or, la comptabilité se divise par mois et par trimestres; les revues doivent donc se rapporter à ces époques.

Je viens de dire que les revues de solde doivent servir au paiement des subsistances. Ce principe est rappelé dans l'instruction du 28 nivôse ; on y lit : « Les revues de solde sont la » base des revues pour les différentes rations » de subsistances affectées à chaque grade ». Cela est de toute vérité. On lit ensuite : « Les » commissaires des guerres doivent former sur » leurs revues de solde , des extraits de revues

---

(1) Ordonnance de mars 1764.

(2) Ordonnance de mars 1792.

» pour les fournitures de bouche et de four-
» rages ». Ceci ne me paraît pas très-clair; car
je ne conçois pas comment les revues de solde
dont parle l'instruction, qui ne devaient avoir
lieu que tous les trois mois, auraient pu servir
aux extraits de revues, puisqu'elles n'auraient
pas encore existé. Peut-être a-t-on entendu
que les revues d'un trimestre servissent aux
revues de subsistances du trimestre suivant, ou
que les extraits de revues ne fussent délivrés
que tous les trois mois. Dans ce cas, on tombait
dans cette alternative, ou de chevaucher les
comptabilités des différens trimestres, ou de
laisser sans contrôle les fournitures qui auraient
été faites pendant leur intervalle. Ce mode
était radicalement vicieux : déjà on a multiplié
les revues; il faut encore bannir de la comptabilité les arrêtés et les extraits de revues, pour
n'employer que les revues proprement dites,
qui seules ont un caractère légal et authen-
tique.

L'on s'étonnera peut-être que je sois revenu
si souvent à l'instruction du 28 nivôse, instruction qui tombe en désuétude. Je l'ai fait, parce
que j'ai trouvé là le moyen de placer des principes en opposition avec des erreurs. Cette
discussion, au reste, était indispensable, parce

que l'instruction qu'elle combat, ayant été convertie en loi, a encore un caractère qui lui
vaut une certaine confiance, et il était nécessaire de la dépouiller de ce reste de prestige.

Il me reste à parler de trois espèces de fournitures, qui se justifient par des revues autres
que celles de la solde : les journées d'hôpitaux
dans le système des entreprises, celles des transports militaires, et les fournitures en bois et
lumières des corps-de-garde.

Les commissaires des guerres auront soin de
se faire remettre, jour par jour, les états de
mutations et de mouvemens de ces différens services. Ils formeront de ces états, des contrôles
particuliers qu'ils tiendront exactement ; c'est
sur ces contrôles qu'ils passeront tous les mois
leurs revues effectives, pour servir aux décomptes des entrepreneurs de ces services. Il
est inutile d'entrer dans de nouveaux détails à
cet égard, parce que les règles de la comptabilité de ces trois services ont une analogie
parfaite avec les règles de la comptabilité des
autres, et leur sont communes sous beaucoup
de rapports.

SECTION IV.

Des formes nécessaires de la comptabilité des dépenses étrangères aux revues.

On doit comprendre dans la nomenclature des dépenses dont la comptabilité est étrangère aux revues :

1°. Les approvisionnemens, de quelque nature qu'ils soient, que les entrepreneurs versent directement dans les magasins de la république ; les achats des fournitures mobilières nécessaires aux casernes, aux hôpitaux et aux corps-de-garde, et les transports de l'intérieur qui ont lieu d'une place sur une autre ;

2°. Les constructions, l'entretien et les réparations des fortifications, des maisons, casernes, corps-de-garde et magasins employés au service militaire ;

5°. L'administration des forges, des fonderies et des arsenaux ;

4°. Quelques dépenses remboursables, telles que frais de bureau, de voyages, loyers, etc.

Les approvisionnemens, les fournitures mobilières et les transports de l'intérieur doivent être assurés par des marchés particuliers.

Les constructions, l'entretien et les réparations des fortifications et des bâtimens destinés au service militaire doivent reposer sur des adjudications au rabais, faites sur des devis estimatifs.

Les forges, les fonderies, les arsenaux ne peuvent être administrés que par régie, sous la direction des officiers d'artillerie et la surveillance des commissaires des guerres.

- Enfin, les dépenses remboursables n'étant susceptibles d'aucun mode particulier d'administration, doivent être seulement appuyées d'états revêtus des formes légales.

Les pièces justificatives des fournitures qui sont versées directement dans les magasins, sont les marchés passés par le ministre ou par les commissaires-ordonnateurs munis de son autorisation, le procès-verbal de versement des denrées ou des effets, et le récépissé du garde-magasin. Les procès-verbaux de versemens doivent être rédigés par les commissaires des guerres qui s'y trouvent présens, parce que dans toutes les opérations où le concours d'un fonctionnaire public est nécessaire, ce fonctionnaire doit en rédiger l'acte. Les récépissés des gardes-magasins seront encore visés par les commissaires des guerres, parce que leur signature peut seule légaliser celle des administrateurs et des préposés militaires, quels qu'ils soient, et autoriser l'emploi des pièces en recette et dépense dans la comptabilité.

Les transports d'une place sur une autre se liquident sur les lettres de voiture, constatant le poids des objets transportés et la distance du point de départ à celui de l'arrivée.

Les pièces justificatives des dépenses qui ont lieu ensuite d'adjudications publiques, sont le procès-verbal de l'adjudication qui au reste ne doit être faite que par un commissaire-ordonnateur, autorisé par le ministre, et en présence des administrations centrales ou municipales, et les procès-verbaux dressés par les commissaires des guerres assistés d'experts, constatant la nature, la quantité et la qualité de l'ouvrage fait.

Les dépenses des établissemens de l'artillerie, administrés par régie, se justifient par des comptes particuliers. Je dois dire qu'il n'est pas à craindre que la gestion de ces établissemens soit en proie aux abus qui, dans toute autre circonstance, infestent les régies. On doit sans doute cet ordre à la rigidité qui dans tous les temps a caractérisé la méthode administrative des chefs de cette arme.

Enfin les dépenses remboursables dont le *maximum* est généralement fixé par la loi, se

liquident sur des états appuyés de pièces justificatives, visées par les commissaires des guerres.

Il est donc démontré que le concours des
commissaires des guerres est indispensable à
chaque pas qu'on fait dans la comptabilité militaire, et que toutes les pièces dont elle se
compose, doivent être rédigées ou visées par
eux.

L'on conçoit facilement quelle est la responsabilité qui pèse sur les commissaires des guerres,
à raison des pièces qu'ils rédigent eux-mêmes,
comme les revues et les procès-verbaux. Mais
à l'égard des pièces qu'ils visent seulement, on
se demande avec raison quelle est la force de ce
visa, quel caractère il donne à la pièce sur
laquelle il est apposé, et à quoi il engage les
commissaires des guerres?

Il faut, pour décider ces questions, distin-
guer entre les dépenses qui s'établissent par des
revues, et celles dont la comptabilité leur est
étrangère.

Dans le premier cas, le *visa* apposé par les
commissaires des guerres sur les bons particuliers des fournitures, n'est qu'une formalité
nécessaire à l'ordre des distributions et un
moyen donné aux préposés de se défendre
des faux et des doubles emplois. Ces bons, dont

on fait le recensement à des époques périodiques, servent à la composition de l'état général des consommations. Cet état ne devient
lui-même, comme je l'ai déjà dit, pièce comptable, que lorsqu'il est appuyé d'une revue :
les bons, après avoir servi à la confection de
cet état, ne sont plus que des pièces sans force
et insignifiantes. La signature des commissaires
des guerres n'est donc, pour ces cas, que
d'ordre, et leur *visa* ne lie ni le gouvernement à la dépense, ni les commissaires des
guerres à sa légitimité.

Il en est tout autrement des dépenses étrangères aux revues. Celles-ci s'acquittent à la
vérité sur des pièces qui ne sont pas l'ouvrage
des commissaires des guerres, mais auxquelles
leur signature est cependant nécessaire pour
avoir un caractère de légalité. S'il s'agit en effet
de payer à un fournisseur les versemens de
grains qu'il aura faits dans les magasins de la
république, le récépissé du garde - magasin
n'est pièce comptable, qu'autant qu'il est visé
par un commissaire des guerres ; s'il s'agit de
transports, la lettre de voiture constatant le
poids des objets transportés, n'est pareillement
légale qu'autant qu'elle est visée par un commissaire des guerres. Dans ces circonstances, ce

n'est pas un simple *visa*, c'est un arrêté motivé, signé d'eux, que les commissaires des guerres doivent apposer sur ces pièces. Cet arrêté engage alors leur responsabilité, de même que les revues et les procès-verbaux qu'ils rédigent.

Au reste, de quelque manière que les commissaires des guerres visent les pièces comptables, c'est la nature de ces pièces qui déterminera leur responsabilité, et non pas les formes qu'ils emploieront dans leur *visa*.

Telle est en abrégé la théorie de toute la comptabilité militaire. Si les préceptes qu'elle renferme sont fidèlement observés, toutes les dépenses porteront sur des bases certaines, et l'on aura de grands moyens pour arriver à une bonne liquidation.

Mais une nouvelle carrière s'ouvre devant moi : elle est d'autant plus intéressante à parcourir, qu'on a totalement oublié ce que c'est que liquider ; du moins on agit comme si on était dans cette ignorance.

CHAPITRE II.

De la liquidation des dépenses de la guerre.

SECTION PREMIÈRE.

Exposition du sujet.

EN administration, soit civile, soit militaire, les idées les plus familières et les plus élémentaires ont été tellement brouillées, qu'on est forcé de s'expliquer avant d'entamer la matière qu'on veut traiter, et de s'entendre sur le sens des mots avant de les prononcer.

Avant donc de parler de liquidation, je vais rechercher le sens propre du mot liquider; il est d'autant plus essentiel de convenir de cette définition, que quelques-uns ont pris pour la liquidation des dépenses publiques, l'ordonnance et le paiement de ces mêmes dépenses. D'où ils ont conclu que les ministres ne devaient liquider que lorsqu'ils ordonnançaient, et que, dès-lors qu'il n'y avait pas de fonds pour acquitter leurs ordonnances, les ministres ne devaient pas ordonnancer ; ce qui, dans leur manière de voir, est synonyme de liquider.

De cette façon, les partisans de cette opinion qui n'est que trop répandue, ont subordonné la liquidation des dépenses publiques, aux moyens du trésor pour les acquitter. De là le vide du trésor qui met nécessairement de l'embarras dans l'administration, l'a jetée dans un désordre épouvantable, par la négligence absolue que l'on a apportée à régler les différentes comptabilités.

Quelle erreur cependant! Qu'importe à la liquidation des dépenses d'un état, que la position de ses finances lui permette de les acquitter ! Un état peut se liquider, lors même qu'il serait dans l'impossibilité de se libérer ; car, se liquider est un, se libérer est un autre. C'est même pour un état une obligation de se liquider, et cette liquidation n'étant qu'une opération d'ordre, ne doit jamais être retardée. Que les gouvernemens ne s'y trompent pas : plus ils éloignent leur liquidation, plus elle devient onéreuse pour eux ; s'il était possible encore qu'ils songeassent à n'en point faire, ou qu'ils n'en voulussent qu'une illusoire, ils

légitimeraient le vol et la dilapidation de la
fortune publique, et amèneraient, avec l'immoralité, la ruine de l'état.

Qu'entend-on donc par liquidation?

On n'entend et on ne peut entendre que
l'action de débrouiller ce qui est embarrassé,
et de régler ce qui est dans le désordre. Donc,
quand on parle de liquider les dépenses d'un
état ou d'un ministère, on ne veut dire autre
chose, que les classer par leur nature, que
mettre en ordre toutes les pièces comptables
qui s'y rapportent, reconnaître si elles sont revêtues des formes prescrites par la loi, juger de
la légitimité des dépenses, constater la quotité
partielle et générale de ces dépenses, fixer les
répétitions du **gouvernement**, et rendre cons-
tantes ou liquider les créances de ceux dont
il est débiteur.

Appliquons cette définition au ministère de
la guerre. Que peut-on entendre en parlant de
la liquidation des dépenses de ce ministère?
Seulement, que les comptes partiels et généraux
des opérations qui s'y traitent, doivent y être
vérifiés, d'après l'ordre de la comptabilité,
chaque mois, chaque trimestre et annuellement.

Si on étend ce mode de liquidation aux

autres ministères, le gouvernement pourra connaître à chaque instant, par l'intermédiaire des
ministres, la force des dépenses et la quotité de
la dette ; et les créanciers de l'état, liquidés dans
l'ordre de priorité de leurs créances, et ras-
surés par l'existence d'un titre , attendront
avec plus de sécurité, les mesures que le gouvernement pourra prendre un jour , pour se
libérer envers eux. Enfin , il résultera de ce
mode, qu'il n'y aura jamais d'arriéré pour la liquidation des dépenses publiques, quoiqu'il
puisse en exister un pour leur paiement. Dans
le fait, le second arriéré peut être nécessité
par des circonstances impérieuses, lorsque le
premier ne peut jamais avoir de motifs légitimes.

Si l'on n'eût pas perdu de vue ces principes,
nous n'aurions pas des établissemens liquidateurs de toutes les espèces, parce que chaque
commission ministérielle et ensuite chaque ministère auraient fait faire annuellement leur liquidation dans leur sein.

Ne doit-on pas gémir aujourd'hui sur les
dépenses qu'occasionnent ces établissemens ?
Ces dépenses ne sont-elles pas une véritable
surcharge sur le peuple, et ne font-elles pas un
double emploi, puisque les fonds nécessaires à

l'administration des commissions et des ministères, ont été faits dans le temps. Et certes,
on ne contestera pas que la liquidation de leur
comptabilité ne fût une portion intégrante de
leur administration. Pourquoi ont-ils laissé ce
travail en arrière? Pourquoi ont-ils grevé leurs
successeurs d'une dépense pour laquelle les
fonds faits ont été absorbés par eux ? Il est
donc vrai que la responsabilité ne fut jamais
qu'un vain mot !

On est allé plus loin : après avoir altéré le
sens du mot liquider, on a mis en doute le
droit qu'a chaque ministre de faire sa liquidation; et c'est ainsi qu'une première erreur
(¿source de beaucoup d'autres.

On a discuté avec une grave importance qui
devait liquider les dépenses des ministères ;
il valait autant mettre en question, si un négo-
ciant doit liquider son commerce, et un
fournisseur, ses comptes avec ses sous-traitans.
Il ne s'agissait que de savoir si celui, qui a fait
et dirigé une opération administrative, doit en
régler les résultats. Le bon sens dit que celui-là
doit en être chargé, qui en est personnellement
responsable. Qui donc doit liquider les dépenses des ministères ? Les ministres.

Cependant on est parvenu à leur enlever une

partie de leur liquidation qu'on a confiée à
une commission créée *ad hoc* (1). Je ne m'arrêterai pas sur la question de savoir si on
doit adopter cette méthode et suivre un si
singulier exemple ; ce serait donner à cette
opinion plus de consistance qu'elle n'en mérite,
et la supposer digne d'être discutée (2).

Il est une autorité aussi qui a des prétentions sur la liquidation des ministères. Cette

---

(1) Loi du 2 messidor en 6, qui crée un bureau
intermédiaire de liquidation.

(2) On n'a fait valoir, pour justifier cette innovation, qu'une seule raison au moins spécieuse ; on
a dit : il serait impossible de diviser les opérations
de la commission générale des approvisionnemens
entre les différens ministères ; donc il faut créer un
bureau intermédiaire de comptabilité. Oui, ce bureau
pouvait être nécessaire pour la comptabilité de la
commission des approvisionnemens, mais il ne fallait
pas lui donner en outre les comptabilités des commissions exécutives ou des ministères : si on eût voulu
même s'en tenir aux principes, il fallait nécessairement isoler cette comptabilité, de celles des autres
commissions, puisqu'elle devrait les contrôler; ce qui
ne peut plus avoir lieu dans le mode de liquidation
actuel.

autorité est la trésorerie nationale : il faut discuter ses droits, car ils sont au moins spécieux,
et la trésorerie les appuie sur l'article 522 de la
constitution, ainsi conçu: « Le compte général
» des recettes et dépenses de la république,
» appuyé des comptes particuliers et des
» pièces justificatives, est présenté par les
» commissaires de la trésorerie aux commis-
» saires de la comptabilité, qui le vérifient et
» *l'arrétent* ». Qu'il me soit permis, tout en
parlant de la constitution, de blâmer cette
dernière expression qui est équivoque et même
déplacée à l'égard de la comptabilité qui, en
aucun cas, n'arrête des comptes. La constitution aurait dû employer le mot *apurer*, parce
que l'apurement des comptes est exclusivement
l'attribution de cette autorité. Peut-être est-
il nécessaire de dire qu'apurer une comptabilité, c'est rendre quittes les comptables
lorsque leurs comptes sont en règle, ou les
frapper d'un débet lorsqu'ils ne le sont pas.

La trésorerie tire de cet article cette conséquence : que puisqu'elle doit présenter le
compte général des recettes et des dépenses de
la république, appuyé des *comptes particuliers
et des pièces justificatives*, elle doit aussi préparer celui des ministres, qu'elle dit compris

implicitement dans le compte général. En partant de ce raisonnement, elle exige que les
ministres joignent à leurs ordonnances les
pièces comptables sur lesquelles ils les délivrent.

S'il fallait développer les conséquences d'un
pareil système, on démontrerait facilement que
la responsabilité des ministres est anéantie par
le fait, et que la confusion, ou pour s'exprimer
plus fortement, que la mixtion de la comptabilité des fonds avec la comptabilité des dépenses,
en est le résultat (1).

Mais c'est par les articles d'une loi qu'on com-
mente ceux qui présentent quelqu'ambiguité;
et l'on doit suivre cette règle, sur-tout pour

---

(1) Cette division de la comptabilité des dépenses
et des fonds n'existait pas jadis et ne pouvait pas
exister; c'était dans les caisses des trésoriers généraux que se réglaient toutes les comptabilités, et
chacun de ces trésoriers ressortait du département
ministériel pour lequel il payait. Si l'on voulait revenir à ce système, il faudrait détruire l'institution de la trésorerie et réédifier tout le système
administratif. Je ne crois pas que l'on soit arrivé
à un degré de perversion dans les idées tel, que ce
changement fût possible.

expliquer la constitution dont toutes les dispositions sont unes et indivisibles. Lisons donc le titre entier auquel tient l'article cité ; nous trouverons qu'un de ceux qui le précède, l'article 320, est ainsi conçu : « Les receveurs » des contributions directes dans chaque dé- » partement, les différentes régies nationales » et les payeurs dans les départemens, re- » mettent à la trésorerie leurs comptes res- » pectifs : la trésorerie les vérifie et les arrête ». Le mot *arrêter* est ici justement employé.

La constitution ne parle, dans cet article, que des receveurs, des payeurs, des régies, tous comptables en deniers, qu'elle subordonne immédiatement à la trésorerie. En rapprochant cet article de l'article 322, que j'ai déjà cité, on trouve facilement le sens véritable de celui-ci ; l'on reconnaît qu'en assujettissant la trésorerie nationale à remettre à la comptabilité le compte général en recettes et dépenses de la république, l'article 322 n'a entendu parler que du compte en deniers, et que la disposition qui porte que ce compte sera appuyé des *comptes particuliers* et *des pièces justificatives*, ne s'applique qu'aux comptes personnels des receveurs, payeurs et autres comptables des recettes publiques. D'ailleurs je demanderai ce qu'est un compte en deniers par recette et dépense, sinon un compte par entrée et sortie de deniers.

Peut-être l'on dira que j'interprête la loi : je rétorque dans son entier cette objection contre ses auteurs. C'est vous, au contraire, leur dirai-je, qui faites l'interprétation, puisque vous suppléez au silence exclusif de la loi, en étendant aux comptes des ministres une disposition qui ne parle pas d'eux : je n'ai fait que rapporter la loi, en vous observant qu'elle ne dit pas ce que vous lui faites dire.

Mais les principes en matière de comptabilité sont d'accord avec les dispositions de la constitution, qui n'a fait que les consacrer.

Toute la comptabilité publique se divise en deux classes : la comptabilité des fonds et la comptabilité des dépenses. Pour conserver cette division et pour la prononcer fortement, la constitution a donné à la trésorerie la comptabilité des fonds et aux ministres la comptabilité des dépenses.

Où est la preuve, dira-t-on, de cette assertion, que la comptabilité des dépenses appartienne aux ministres ? Dans l'évidence, car on dit qu'il est jour à midi, parce qu'il est jour ; de même qu'on doit dire que les ministres sont

comptables, parce qu'ils le sont. Veut-on des preuves d'une autre espèce, des preuves écrites? qu'on ouvre encore la constitution au titre des contributions publiques, on y lira (art. 508) :
» Les comptes détaillés de *la dépense* des mi-
» nistres, signés d'eux, et certifiés par eux,
» sont rendus publics au commencement de
» chaque année ».

Voilà bien les ministres déclarés comptables par la constitution elle-même, ce qui me conduit à faire observer qu'elle a établi entre les obligations de la trésorerie et des ministres, la même parité, celle de rendre leurs comptes. Il est vrai que pour éviter tout prétexte aux diverses interprétations, elle aurait dû ajouter que les ministres remettraient directement leurs comptes à la comptabilité nationale; mais cette remise est une conséquence de la division établie dans la comptabilité, et de l'indépendance dans laquelle les ministres sont de la trésorerie.

Au reste, cette disposition eût été écrite, qu'on y eût peut-être rien gagné, grâce au fatal génie qui brouille nos finances; et il est permis de croire que les ministres ne l'eûssent pas plus exécutée, cette disposition, que la trésorerie qui n'a pas encore remis à la comptabilité un seul morceau de papier.

Quelle conséquence cependant tirer de l'article de la loi qui fait une obligation aux ministres de rendre leurs comptes? Qu'ils doivent
les préparer. Or, comment les prépareront-ils,
si l'on persiste dans la vicieuse pratique de les
décharger du travail de leur liquidation et de
sa responsabilité ?

Que penser encore de cet usage qui s'intro-
duit dans les rapports des ministres et de la
trésorerie, de joindre aux ordonnances de
ceux – là les pièces justificatives sur lesquelles elles sont délivrées? Que les ministres
n'ont pas étudié leurs devoirs, et n'en connaissent pas toute l'étendue; qu'ils agissent avec
faiblesse en se laissant dépouiller des pièces qui
sont les matériaux de la comptabilité de leurs
dépenses ; que la trésorerie franchit les limites
que lui a placées la constitution, et qu'elle
attaque l'indépendance dans laquelle les ministres sont d'elle, en s'emparant de ces mêmes
pièces.

Quelles sont en effet les formalités qui sont
prescrites à la trésorerie pour mettre sa responsabilité à couvert, relativement aux dépenses qu'elle fait acquitter ?

La constitution dit, article 318 : « La tréso-
» rerie ne peut rien faire payer qu'en vertu :

» 1°. D'un décret du corps législatif, et jus-
» qu'à concurrence des fonds décrétés par lui
» pour chaque objet;

» 2°. D'une décision du directoire;

» 5°. De la signature du ministre qui or-
» donne la dépense ».

L'on soutiendra, je le prévois, que ce sont
là seulement des rapports d'ordre que la constitution a voulu établir entre le premières autorités, et que ces formalités ne suffisent pas pour
valider les ordonnances des ministres.

Cette objection est levée par l'article 519,
qui, descendant dans le détail des formes nécessaires de l'ordonnance, exige seulement que
l'ordonnance ou le *mandat signé par le ministre, énonce le genre de dépense qu'il concerne et la date, tant de la décision du directoire exécutif, que des décrets du corps législatif qui autorisent la dépense.*

Que peut et que doit demander la trésorerie
nationale de plus, que l'observation rigoureuse
de ces formes?

Qui donc, dira-t-on, contrôlera la comptabilité des dépenses? Qui donc, dirai-je moi-
même, contrôlera la comptabilité des fonds?
Je résoudrai ces questions dans un autre chapitre. Dans tous les cas, la comptabilité des dé-

penses doit être étrangère à la trésorerie. Hé, bon
dieu! elle a bien assez d'un travail qui l'écrase,
sans l'embarrasser de celui des autres.

Qu'on ne perde donc jamais de vue la division qui existe dans la comptabilité générale :
cette division donnera toujours la solution des
questions que des prétentions exagérées, des
vues d'intérêt et d'ambition pourraient élever,
de quelque côté qu'elles provinssent. C'est sur
cette division et sur l'indépendance respective
de la trésorerie et des ministres, que repose la
balance entre les deux espèces de comptabilité ;
et c'est de cette balance que découle le contrôle
qu'exercent, par le fait, les uns à l'égard des
autres, les ordonnateurs que ces comptabilités
regardent.

Si la trésorerie qui déjà rend le compte des
fonds, rend aussi celui des dépenses, il est évident
qu'il faut lui laisser la liquidation de celles-ci. Or,
cette liquidation lui fournirait tous les moyens
de couvrir les déficit dans la comptabilité en
deniers, quelqu'en fût l'origine. De même, si
par une inversion qui ne serait pas plus extraordinaire, on chargeait les ministres, de la liquidation de la comptabilité des fonds, ils cou-
vriraient leurs dépenses abusives, en les reje-
tant sur les recettes.

Qu'on se garde donc bien, et que cette vérité soit immuable, de cumuler deux comptabilités distinctes par leur objet; et qu'on respecte une division sans laquelle il ne peut exister dans l'administration publique, qu'abus, désordres, dilapidations, rivalités, confusion, nullité dans la responsabilité et difficultés dans le service.

Maintenant qu'il est démontré que liquider n'est pas payer, et qu'un gouvernement qui serait même dans l'impossibilité d'acquitter ses dépenses, doit encore les faire liquider ; maintenant qu'il est démontré que la liquidation de ces dépenses appartient aux ministères à raison de leurs attributions, il faut revenir à la liquidation des dépenses de la guerre.

Pour mettre dans cette matière toute la clarté et toute la méthode possible, je la diviserai en trois parties.

Dans la première, je parlerai de la liquidation des dépenses militaires dans les divisions de l'intérieur.

Dans la seconde, je parlerai de leur liquidation dans les armées.

Dans la troisième, de leur liquidation dans le ministère de la guerre.

SECTION II.

De la liquidation des dépenses militaires dans les divisions de l'intérieur.

Le partage uniforme du territoire de la république en divisions militaires, soit qu'on en conserve le nombre, soit qu'on le diminue ou qu'on l'augmente, sera toujours la base première d'un ordre régulier dans la marche de l'administration militaire.

On continuera de mettre dans chacune de ces divisions un commissaire-ordonnateur à la tête de l'administration; on emploiera sous ses ordres, la quantité de commissaires ordinaires des guerres, nécessaire au service.

Les commissaires-ordonnateurs étant les délégués spéciaux du ministre de la guerre dans les divisions, ne doivent recevoir des ordres que de lui, et ne doivent rendre leurs comptes qu'à lui. C'est donc par l'intermédiaire de ces ordonnateurs que les opérations administratives des divisions reviendront au ministre.

En appliquant ces vérités à la liquidation des dépenses de la guerre, il s'ensuit que dans chaque division militaire, cette liquidation sera préparée par les commissaires ordinaires des guerres, et arrêtée provisoirement par le commissaire-ordonnateur, sauf ensuite à être approuvée par le ministre.

Telle est la règle première : descendons aux secondaires.

ARTICLE PREMIER.

De la liquidation de la solde de présence.

Du système de comptabilité que j'ai proposé pour la solde, découle naturellement celui de sa liquidation; car la solde devant être acquittée régulièrement le 1 et le 15 de chaque mois, sur des feuilles de prêt, constatant l'effectif présent, les paiemens en seront, en quelque manière, définitifs.

Cependant, si on adopte la mesure nécessaire, au reste, d'assujettir les commissaires des guerres à envoyer le 15 de chaque mois aux payeurs, les revues qu'ils doivent passer des corps soumis à leur police, revues qui s'appliquent à la comptabilité de la solde du mois précédent, la liquidation deviendra une opération très-facile; car il ne s'agira plus, de la part des payeurs, que de comparer les feuilles de prêt aux revues, et de reconnaître, d'un côté, s'il a été plus reçu par les corps qu'il ne leur était dû, auquel cas ils feront la retenue de cet excédent sur le prêt du 15 au 30 du mois, et de l'autre, s'il est encore dû aux corps, auquel cas ils les solderont de suite : et c'est en cela que consiste, non-seulement une liquidation définitive; mais même un paiement définitif.

Cette liquidation appartient plus particulièrement aux payeurs qu'aux commissaires des guerres; il en serait tout autrement des décomptes de trimestre, dans l'hypothèse où les masses des corps et les retenues sur la solde seraient rétablies; mais jusques-là ces décomptes seraient, comme je l'ai déjà dit, inutiles.

Dans cette hypothèse donc, on fera une obligation à chaque commissaire des guerres, chargé de la police d'un ou de plusieurs corps, de préparer tous les trois mois, sur ses revues, dans les quinze premiers jours qui les suivront, le travail de cette liquidation. Ce travail consistera à faire le dépouillement des fournitures délivrées à chaque militaire, pour lesquelles la retenue aura lieu, et à vérifier si les corps ont reçu plus que la loi ne leur accorde, ou moins. Dans le premier cas, les commissaires des guerres établiront la retenue qui doit être faite aux corps; dans le second, ils feront le décompte des bénéfices qui leur reviennent.

Les commissaires des guerres enverront, sans délai, leur liquidation aux ordonnateurs des divisions, qui l'arrêteront provisoirement et la transmettront, accompagnée de toutes les pièces justificatives, au ministre de la guerre. Tout ce travail et son envoi seront effectués dans le mois qui suivra les revues de trimestre. Alors le ministre fera établir les décomptes à toutes les troupes de la république. C'est par cette dernière opération que se terminera la liquidation de la solde, en supposant encore les retenues rétablies.

ARTICLE II.

De la liquidation de la solde des militaires en route, en mission et aux hôpitaux.

La liquidation de cette espèce de solde ne peut être faite que dans le sein du ministère de la guerre, sur les revues de trimestre où sont portés, pour mémoire, les militaires en route, en congé, en mission et aux hôpitaux.

Cette liquidation ne portant jamais que sur

des dépenses acquittées, ne peut avoir pour
objet que de reconnaître celles qui seraient
abusives et les doubles emplois, comme encore de donner des lumières sur les moyens de
les prévenir. Ces moyens sont, en général,
étrangers à la législation, et consistent dans
des réglemens ministériels et de circonstance.

ARTICLE III.

De la liquidation des dépenses qui s'ac-
quittent sur des revues.

Cette liquidation aura lieu chaque mois,
pour les fournitures distribuées dans le mois
précédent. Il n'y aura lieu à faire des décomptes de trimestre, que pour les fournitures
à raison desquelles on aura établi des retenues
sur la solde. Dans tous les cas, le travail de
ces liquidations doit être laissé aux commissaires ordinaires des guerres et aux ordonnateurs, et doit être mis sous leur responsabilité.

Voici quelles seront les règles de cette
liquidation.

Dans les quinze premiers jours de chaque
mois, les entrepreneurs quels qu'ils soient, chargés de fournir et de distribuer à la troupe ce

21

qui est nécessaire à sa nourriture, à son entretien, à son chauffage, etc., seront tenus
de remettre aux commissaires des guerres, sous
la police desquels se trouveront leurs services,
les états des distributions faites le mois précédent, appuyés des bons des parties prenantes.

Les commissaires des guerres vérifieront de
suite ces états et les confronteront avec les revues de solde des corps auxquels la fourniture
aura été faite : si les états sont en rapport avec
les revues, ils feront le décompte aux entrepreneurs.

S'il s'agit d'un service de transports, les
règles de liquidation seront les mêmes : les
commissaires des guerres feront les décomptes
aux entrepreneurs sur les états des journées et
sur les revues constatant le nombre des équipages employés.

Dans le même mois, les commissaires des
guerres enverront ces décomptes, avec les pièces
originales, aux ordonnateurs des divisions, qui
les arrêteront provisoirement et les transmettront sans délai au ministre de la guerre.

Pour assurer l'exécution de ces mesures, on
prononcera la déchéance de leurs droits contre
les entrepreneurs qui, dans le mois qui suivra
celui où les fournitures auront été faites par

eux, n'auront pas remis aux commissaires des
guerres chargés de la police de leurs services, les
pièces nécessaires pour établir leurs décomptes;
on ordonnera aussi la destitution de tout commissaire des guerres qui, dans les quinze jours
qui suivront la remise des pièces nécessaires
aux décomptes des fournisseurs, n'en auraient
pas fait le travail.

ARTICLE IV.

De la liquidation des dépenses étrangères aux revues.

Il en est de la liquidation de cette nature de
dépenses, ainsi que de la liquidation de celles
qui s'acquittent sur des revues; c'est-à-dire, que
cette liquidation doit être faite pareillement
dans le mois qui suit celui où les fournitures
ont été versées dans les entrepôts de la république, et où les dépenses ont eu lieu.

Je ferai cependant remarquer que cette liquidation ne reposant pas sur des revues, mais
seulement sur des procès-verbaux de versemens, sur des récépissés comptables ou sur des
états de dépenses, les commissaires des guerres

doivent y donner, s'il est possible, une attention plus particulière, pour se garantir des
piéges que leur tendraient les fournisseurs et
des préposés infidèles.

On prononcera encore la destitution des
commissaires des guerres et la déchéance contre
les créanciers qui ne rempliront pas respectivement leurs obligations dans les délais déterminés. Mais ceux-ci se garderont bien d'être
négligens à cet égard, et c'est le point essentiel,
si l'on ne se départ pas du principe de ne jamais
leur compter des avances.

Les règles que je viens d'établir sont générales et infaillibles; mais il faut qu'elles soient
observées : c'est là tout le secret d'une bonne
liquidation.

SECTION III.

De la liquidation dans les armées.

Je viens de le dire : les règles de la liquidation des dépenses de la guerre sont générales ;
j'ajoute qu'elles sont uniformes. Il ne s'agit
donc pas de rechercher quelles seront ces règles
dans les armées, mais seulement d'étudier les
moyens de les mettre en pratique.

Il est bien difficile, ou pour mieux dire, il est impossible que les commissaires des guerres fassent, au milieu des mouvemens précipités d'une armée, mouvemens qu'ils sont obligés de suivre, le travail matériel des liquidations ou des décomptes, qui exige des dépouillemens et des calculs longs et infinis. A qui confiera-t-on une opération aussi intéressante ? Cette question me ramène à l'établissement d'un bureau central de liquidation dans chaque armée.

On sait déjà quelles seront les fonctions de ce bureau ; il faut cependant tracer la ligne de démarcation qui les séparera de celles des commissaires des guerres.

Les commissaires des guerres exerçans toujours dans les armées la police sur les corps et sur les services, resteront chargés de la tenue des contrôles, de la passation et de la confection de toutes les espèces de revues, de faire, de certifier et de viser, suivant les cas, toutes les pièces de comptabilité : là finiront les devoirs des commissaires des guerres.

Dans la première quinzaine de chaque mois, les commissaires des guerres enverront au bureau de liquidation de l'armée toutes les revues effectives des corps, des détachemens et des services, qu'ils auront passées pour servir à la comptabilité du mois précédent ; de leur côté , les entrepreneurs , fournisseurs , régisseurs , tous les créanciers enfin de l'armée quels qu'ils soient , transmettront pareillement et dans le même délai , au bureau de liquidation leurs états de distributions, de fournitures et de dépenses du mois précédent. Ici commenceront les devoirs de ce bureau.

Aussitôt que le bureau de liquidation aura reçu, de part et d'autre, les pièces dont je viens de parler , ce qui aura toujours lieu dans les quinze premiers jours de chaque mois , il fera dans la fin du même mois le travail des liquidations ou des décomptes , pour les fournitures et créances du mois précédent.

Quant aux décomptes des corps : ceux de la solde de présence continueront d'être faits par les payeurs ; les décomptes de trimestre seront arrêtés par les bureaux de liquidation.

Chaque mois, le bureau de liquidation de l'armée présentera le tableau général de la comptabilité du mois écoulé. Ce tableau sera remis au ministre de la guerre et au commissaire-ordonnateur en chef.

Il entrera dans les attributions de ce bureau, de correspondre avec les ordonnateurs de divisions, avec les commissaires ordinaires des

guerres et les autres administrateurs de l'armée,
pour activer la rentrée des pièces de dépenses,
rappeler les formes nécessaires de la comptabilité et maintenir les principes et les règles de
l'administration.

Ce sera seulement sur les liquidations faites
par ce bureau, que le commissaire-général délivrera ses ordonnances. Les liquidations que
feraient les ordonnateurs de division, seront
revues par le bureau de liquidation. Cependant
rien n'empêchera à ces ordonnateurs de délivrer des ordonnances sur leur liquidation, lorsque le commissaire-général aura mis des fonds
à leur disposition. L'on saisira parfaitement
cette réflexion, lorsque je parlerai de la théorie
des ordonnances.

Le bureau de liquidation de chaque armée,
sera sédentaire et sera placé le plus près possible de l'ordonnateur-général.

Il résulte de ces développemens, que les bureaux de liquidation ne travailleront point à la
partie active de l'administration des armées ;
mais qu'ils seront spécialement chargés de la
partie d'ordre, et ce fut toujours la plus dif
ficile.

Quelle sera cependant la composition des
bureaux de liquidation ?

Trop souvent on crée des établissemens pour donner des places, et trop souvent encore on dispose des places avant d'avoir organisé les établissemens; d'où il arrive qu'ils sont une superfétation, ou que leur organisation est vicieuse. Je crois avoir suffisamment démontré l'utilité de l'institution que je propose; il ne me reste donc plus qu'à étudier la nature des fonctions qui lui seront confiées, pour régler sur elles son organisation.

Ces fonctions sont absolument contentieuses; c'est-à-dire, que tous les objets sur lesquels les bureaux de liquidation auront à prononcer, peuvent être sujets à contestation et donner lieu à des débats; car ces bureaux devront décider de la légitimité des dépenses et de la validité des pièces comptables. D'ailleurs, c'est sur une liquidation sévère que reposent l'économie et le bon emploi des sommes consacrées aux dépenses de l'armée. Il serait donc abusif de confier le jugement de cette liquidation à un seul individu : ce serait même le compromettre; car on le livrerait, presque sans moyens de défense, aux piéges et aux sollicitations dont l'envelopperaient le crédit, l'intérêt et la cupidité.

On composera chaque bureau de liquidation

de trois membres ; savoir : un commissaire liquidateur et deux adjoints.

Pour conserver de l'unité dans les rouages administratifs de l'armée , je mettrais à la tête de cet établissement le commissaire liquidateur ; seul, il aurait la correspondance : cependant les liquidations ou les décomptes seraient arrêtés à la pluralité des voix et signés au moins de deux membres et du secrétaire du bureau.

Le commissaire liquidateur et ses adjoints seront nommés par le ministre de la guerre ; les employés subalternes seront choisis par ceux-là ; ces employés se réduiront à quatre ou cinq vérificateurs au plus.

Enfin, quelle sera l'indépendance des bureaux de liquidation, et que peut-on entendre par cette indépendance ?

Ce ne peut être la liberté laissée à ces bureaux de suspendre ou de modifier à leur gré le travail des liquidations. Cette indépendance ne peut consister que dans l'affranchissement de l'influence de tout pouvoir qui voudrait , au contraire, suspendre ou modifier ce travail.

Je n'hésite pas à dire que sous ce rapport , il faudrait que l'indépendance de ces bureaux fût réelle et entière. Mais je suis arrêté par l'autorité des commissaires-généraux des armées, qui doit être absolue, et embrasser toutes les parties de l'administration proprement dité.

J'ai long-temps cherché à concilier l'indépendance des uns avec l'autorité des autres, sans trouver le terme moyen. C'est-là un des inconvéniens attachés à l'existence des armées, où une théorie parfaite serait souvent impraticable. Les bureaux de liquidation resteront donc dans les armées, sous la surveillance et la direction des ordonnateurs-généraux.

SECTION IV.

De la liquidation des dépenses dans le ministère de la guerre.

C'est au ministre de la guerre, chef suprême de l'administration militaire, que doivent revenir toutes les liquidations arrêtées provisoirement dans les divisions militaires et dans les armées, autant pour faire vérifier les décomptes des dépenses qui auraient été acquittées ou de celles qui ne l'auraient pas été, que pour les faire classer par leur nature, et en former les élémens du compte matériel du ministère.

Un pareil travail doit-il être celui du ministre ? Non, sans doute : c'est-là le mécanisme

de l'administration, et il n'en doit conserver
que la pensée et la direction. Doit-il être confié
aux sections exécutives du ministère? Pas davantage : parce que chaque section s'emparerait
exclusivement de la liquidation des dépenses
qui rentreraient dans ses attributions ; dès-lors
chaque branche de liquidation serait isolée des
autres, et l'on retomberait dans la plupart des
inconvéniens dont on se plaint avec raison
aujourd'hui.

C'est le cas de faire la distinction des devoirs
des sections exécutives du ministère de la
guerre, d'avec ceux du bureau de liquidation
de ce même ministère, et de faire remarquer
les modifications que leur organisation respective en recevra.

J'ai proposé de diviser le ministère de la
guerre en trois sections exécutives ; la nature
des attributions de ce département s'est prêtée
à cette division : il en est résulté que le personnel de l'armée a formé une section, le
matériel une autre, et que la troisième a eu
en partage l'artillerie et le génie. Cet ordre indispensable, pour donner au ministère une
marche active et régulière, présente, je crois,
un juste milieu entre le diviser trop et ne pas
le diviser assez.

Il en est tout autrement de la liquidation : en matière de comptabilité, tout est lié; les dépenses se contrôlent les unes par les autres, se liquident sur les mêmes principes et souvent sur les mêmes pièces. Déjà les opérations administratives sont consommées ; il n'est plus question que d'en vérifier les résultats, ce qui est un travail de cabinet qui demande du silence et de l'ensemble.

Ces réflexions justifient la division de toute la partie d'exécution du ministère qu'on peut appeler active, et la réunion de la partie comptable qu'on peut appeler passive.

Je donnerais au bureau de liquidation du ministère de la guerre la même organisation qu'à ceux des armées : je mettrais cependant cette différence entre les liquidateurs, que ceux du ministère de la guerre seraient égaux en pouvoirs ; leur chef direct serait le ministre lui-même.

Ce bureau de liquidation sera indépendant des sections exécutives, et n'aura avec elles que des rapports de service.

Il sera présidé par celui des trois commissaires que le ministre indiquera, et ce sera par l'intermédiaire de ce président qu'il communiquera avec le ministre.

Toutes les liquidations que ce bureau arrêtera, seront sous sa responsabilité.

Ce bureau tiendra des comptes ouverts avec
les ordonnateurs et les autres administrateurs
auxquels le ministre accordera des crédits.

Tous les trois mois, il mettra a jour la comptabilité du ministère ; dans les cinq mois qui
suivront chaque année, c'est-à-dire, chaque
exercice comptable, il présentera au ministre
le compte général des dépenses de son département, afin que le ministre puisse rendre ce
compte public, d'après le vœu de la constitution, et le transmettre appuyé des pièces
justificatives à la comptabilité nationale.

Qu'on ne dise pas que par-là le ministre sera
affranchi de l'obligation de travailler à son
compte : il restera encore une carrière assez
vaste à parcourir à celui qui, pouvant s'élever
au-dessus de l'atmosphère pesant de ses bureaux, voudra faire connaître les principes de
son administration, et tracer le tableau du bien
qu'il aura fait et des améliorations que l'avenir
promet.

Enfin, j'ai dit, en parlant du bureau de liquidation du ministère de la guerre, qu'on devait
soumettre à son examen les cahiers de charges
des marchés, et le faire concourir avec les

sections exécutives, aux rapports à présenter au ministre, sur l'adoption des soumissions. Je vais prouver, par un exemple, de quelle utilité sera cette mesure.

Je suppose qu'il s'agisse d'un marché pour la fourniture du pain dans une armée ou dans les divisions de l'intérieur; il serait possible que par des vues dont je ne veux pas démêler les motifs, on stipulât que l'entrepreneur serait payé seulement sur des états de distributions, arrêtés par les commissaires-ordonnateurs.

On aura omis dans ce marché d'exiger que cet entrepreneur joigne à ses décomptes les revues des corps qui auraient reçu la fourniture. C'est cependant à l'existence de cette clause que tiendrait la garantie des paiemens, dans l'hypothèse particulière que je viens d'établir; comme aussi, en généralisant cette idée, ce n'est que de l'uniformité des conditions des marchés que naîtra un bon système de comptabilité.

Il faut donc, je le répète, si l'on veut obtenir cette uniformité, appeler nécessairement à la rédaction des marchés, le bureau de liquidation qui, dans mon système, est le dépositaire et le gardien des principes et des règles de la comptabilité.

Aujourd'hui on fait des réglemens pour faciliter l'exécution des marchés et après que les marchés ont été passés ; alors les marchés ne seront que l'application des réglemens qui même existeront avant eux.

Là se termine, enfin, l'ensemble vaste, compliqué et très-minutieux du système de toute la liquidation des dépenses de la guerre.

Mais si, comme je l'ai dit, cette liquidation peut être indépendante de l'ordonnance et du paiement de ces mêmes dépenses, je dois encore faire remarquer que ces dépenses ne doivent être ordonnancées et payées qu'autant qu'elles sont liquidées. La liquidation mène donc à l'ordonnance et au paiement. Suivons donc notre sujet, et occupons-nous de la théorie des ordonnances pour passer ensuite à leur mode de paiement.

CHAPITRE III.

De la disposition des fonds consacrés aux dépenses de la guerre.

SECTION PREMIÈRE.

Division de ce chapitre.

LE ministre de la guerre est l'ordonnateur né de toutes les dépenses de son département ; il doit avoir la disposition des fonds qui y sont affectés. Je n'entends parler que de la disposition administrative et d'ordre ; la disposition matérielle appartient à la trésorerie.

Les dépenses de la guerre considérées sous ce point de vue, se divisent en deux classes : celles qui s'acquittent sans ordonnances, et celles qui s'acquittent sur ordonnances.

Je vais traiter cette matière dans l'hypothèse où les fonds affectés au département de la guerre auraient une assignation réelle sur une portion déterminée des revenus de l'état. Ce système pourra trouver des contradicteurs ; je me réserve d'en développer les principes et de répondre aux objections de ceux-ci, lorsque je parlerai des impôts considérés comme masses dans l'administration publique.

Une loi (1) dont les dispositions sont, je crois, encore en vigueur, autorise le ministre des finances à régler l'ordre de paiement des ordonnances des ministres. Je ne conçois rien de plus éversif de tout système de comptabilité, qu'un tel mode : avec une loi pareille, il ne reste plus dans l'administration des deniers publics que la volonté d'un individu, substituée à un ordre de répartition des fonds, qui devrait toujours être réglé sur la nature, la quotité et l'urgence des dépenses.

SECTION II.

Des dépenses qui s'acquittent sans ordonnances.

Les dépenses qui s'acquittent sans ordonnances, sont la solde et les traitemens militaires.

_____

(1) Loi du 23 vendémiaire an 5.

On se rappelle que les pièces comptables de ces dépenses, sont les feuilles de prêt et les revues.

Les fonds nécessaires au paiement de ces dépenses doivent être pris sur ceux affectés au département de la guerre.

Comme les traitemens militaires et la solde particulièrement, sont la plus sacrée et la plus urgente des dépenses de la guerre, leur paiement aura toujours la priorité sur celui des autres dépenses du même département.

Quoique j'aie dit que le ministre de la guerre dût conserver la disposition administrative des fonds affectés aux dépenses de son ministère, il ne faut pas conclure de là que le paiement de la solde et des traitemens ne s'effectuera que sur ses ordres directs ; ce mode entraverait le service. Cette dépense étant déterminée précisément par la loi, la quantité des parties prenantes l'étant aussi par des revues, les paiemens en resteront indépendans de l'action du ministre, et se renouvelleront périodiquement sur les pièces rendues légales par la signature des commissaires des guerres. Je n'ai entendu dire par cette disposition administrative, autre chose, sinon que le ministre connaissant la force de l'armée, et en dirigeant le mouvement, doit arrêter l'état des dépenses de la solde et des traitemens, et indiquer les lieux où les paiemens se feront (1), pour que la trésorerie tienne libres les fonds qui doivent y faire face, et pour qu'elle en subordonne les mouvemens à ceux des corps.

SECTION III.

Des dépenses qui s'acquittent sur ordonnances.

On doit comprendre dans la catégorie des dépenses qui s'acquittent sur ordonnances,

---

(1) Le directoire exécutif a pris, le 9 brumaire dernier, un arrêté portant que, « les corps militaires, » les militaires, les employés, et généralement tous » ceux qui composent l'armée française, et dont la » solde est acquittée sur les fonds affectés à cette » dépense, ne pourront être payés de celle à laquelle » ils ont respectivement droit de prétendre, qu'autant » qu'ils seront compris sur l'état qui sera remis au » commencement de chaque mois aux commissaires » de la trésorerie, par le ministre de la guerre ».
Cet arrêté me paraît d'une exécution bien difficile; il est même vicieux, parce qu'il anéantit la comptabilité par revues.

toutes celles qui sont autres que la solde et
les traitemens militaires. La disposition des
fonds nécessaires au paiement de ces dépenses,
appartient exclusivement au ministre, et seul
il doit en faire la répartition à raison des
besoins.

Mais comment le ministre connaîtra-t-il les
dépenses faites, et comment y appliquera-t-il
les fonds ? Il connaîtra les dépenses faites par
l'état de situation que lui présentera, chaque
mois, son bureau de liquidation, et ce sera
sur les arrêtés de ce bureau qu'il délivrera ses
ordonnances.

Ici s'élève cette question d'une haute importance : le ministre délivrera-t-il des ordonnances pour la totalité des liquidations faites,
lors même qu'il n'y aurait pas de fonds disponibles pour les acquitter ? Cette question qui
ne s'élèverait pas, si les fonds consacrés aux
dépenses de la guerre avaient une assignation
réelle, et s'ils étaient divisés par masses, reste
entière dans la position actuelle, et il faut la
résoudre.

Une ordonnance émise qui n'est pas acquittée sur-le-champ, perd de sa valeur à
proportion des difficultés et de l'éloigne-
ment qu'éprouve son paiement. Une telle

ordonnance cesse d'être représentative d'une somme fixe. Cependant, comme à l'égard de celui à qui elle est délivrée, elle est l'équivalent d'une créance qui est fixe elle-même, et qu'on doit présumer légitime, la balance se trouve rompue entre la créance et sa valeur, par la manière dont elle est acquittée. Or, comme un gouvernement, de même qu'un particulier, ne doit rien faire perdre sur les effets avec lesquels il paie ses dettes, je conclus qu'il ne doit autoriser ses ordonnateurs à délivrer des ordonnances, qu'autant qu'il y a des fonds libres pour les acquitter. Dans le cas où la position du trésor public ne permettrait pas d'acquitter la totalité des décomptes arrêtés, ou des dépenses liquidées, on délivrera seulement des ordonnances d'à compte, réparties de telle manière, que tous les services soient soutenus et marchent concurremment.

Pour bien apprécier les avantages que donnerait ce mode d'émission des ordonnances, il faut parcourir rapidement les résultats désastreux que produit l'usage contraire.

Depuis que les ordonnances délivrées par les ministres de la guerre ne sont plus en rapport avec les fonds mis à leur disposition, ou tout au moins, depuis que ces prétendus fonds ne se trouvent plus, lorsqu'il s'agit d'acquitter leurs ordonnances, à peine les ordonnances ont vu le jour qu'elles perdent de leur valeur. Cette progression décroissante devient excessive en peu de temps, et on peut lui donner pour terme moyen 55 pour 100 de perte, environ. De cette manière, les créanciers ou les fournisseurs à qui de pareilles ordonnances sont remises, ne reçoivent effectivement que soixante-six pour cent ou les deux tiers, environ, de leur créance.

Croit-on maintenant que les fournisseurs à qui on délivre ces ordonnances, supporteront eux-mêmes la perte qu'elles essuieront? Quelques-uns, qu'une expérience aussi cruelle n'a pas averti du danger où ils courent, peuvent y tomber, et s'ils ont réellement fourni, il faut les plaindre, car leur ruine est consommée. Mais la plupart d'entre eux, devançant les événemens, ont la précaution d'augmenter leur créance, à raison de la perte que le papier avec lequel elle sera payée, éprouvera. Ainsi l'entrepreneur qui a seulement fait, je le suppose, pour deux millions de fournitures, rapporte pour trois millions de pièces comptables; on les liquide, et on lui délivre une ordonnance de trois millions. Cette ordonnance perd, à la vérité, 55 pour 100 environ, c'est-à-dire

un million de sa valeur ; cependant l'entrepreneur ne perd rien, car ce qui lui reste le
remplit de sa créance. Qui donc perd ce million? Le trésor public, où définitivement, l'ordonnance est acquittée dans son intégrité,
entre les mains d'hommes plus adroits ou plus
heureux que le créancier primitif. On appelle
cela se procurer du crédit. Dans tous les cas,
il faut convenir que c'est le payer bien cher.

D'après ces données, qui ne sont que trop
exactes, on calculera précisément la quotité des
dépenses effectives que les ministres de la guerre
peuvent faire acquitter chaque année, sur les
fonds mis à leur disposition.

Je prends pour terme commun des fonds
décrétés par le corps législatif, dans ces dernières années, pour les dépenses des fournitures
et des services militaires, deux cents millions ;
je ne parle pas des fonds destinés à la solde
qui se portent à cent millions environ et qui
ne peuvent essuyer aucune réduction. On a
calculé que deux cents millions suffiraient aux
dépenses de tous les services et des fournitures,
parce qu'ils sont donnés au ministre pour valeur
effective, c'est-à-dire, pour deux cents millions·
Cependant le ministre tire des ordonnances, et
voilà que parce qu'elles ne sont pas acquittées,

elles perdent 55 pour 100. Ces deux cents millions sont donc réduits à cent trente-trois millions, environ.

Telle est la marche de cette branche de la comptabilité de la guerre : il en résulte qu'avec deux cents millions, on n'acquitte que cent trente-trois millions de fournitures; qu'il reste encore soixante-sept millions de fournitures faites, à payer, qui sont portées à cent millions. Le trésor public perd donc réellement soixante-sept millions sur les premières fournitures qu'on acquitte, et tous les fonds du ministère étant absorbés, il reste grevé chaque année, d'un arriéré de cent millions.

Si on voulait laisser les choses en cet état, et cependant balancer les dépenses des services et des fournitures de la guerre avec les fonds qui doivent y être affectés, il faudrait augmenter la masse de ces fonds de moitié, ce qui la porterait à trois cents millions; si on y ajoute les cent millions nécessaires au paiement de la solde et des traitemens militaires, la totalité des dépenses du ministère serait de quatre cents millions. Mais je ne vois pas pourquoi on céderait si facilement; c'est au contraire les dépenses qu'il est nécessaire de réduire au niveau de la masse des fonds : un des moyens efficaces d'y parvenir, est

d'arrêter cet agiotage odieux et cette baisse cal-
culée des effets publics , qui tuent la confiance
et la circulation et absorbent la majeure partie
de la fortune de l'état , en leur enlevant , avec
les ordonnances émi es au hasard et sans mesure , leur aliment le plus puissant.

Le ministre de la guerre ne délivrera donc ses
ordonnances que lorsqu'il y aura des fonds libres
pour les acquitter , et dans les proportions de
ces fonds.

Mais le ministre se réservera-t-il exclusivement le droit de délivrer les ordonnances , ou
le déléguera-t-il partiellement aux ordonnateurs-généraux des armées et aux ordonnateurs
des divisions de l'intérieur? Dans le premier
cas, les dépenses de la guerre seraient toutes
acquittées à Paris ; dans le second , elles le seraient sur tous les points de la république.

Avant d'éclairer cette question , par les
moyens tirés de la matière même que je traite,
je m'arrêterai sur ceux qui découlent des principes qui sont devenus des points de doctrine
dans la science économique.

Les impôts se perçoivent dans toute l'étendue
de l'état ; si l'argent qui en provient se verse
sur un point unique, la circulation en est sur-
le-champ arrêtée, et il ne retourne plus aux

lieux d'où il est sorti. Si ce procédé devait se prolonger quelques années, l'argent manquerait généralement et il serait impossible d'acquitter l'impôt.

Les publicistes se sont récriés avec raison contre les préférences de quelque nature qu'elles fussent, à l'aide desquelles on élevait des villes colossales : ils comparaient ces villes à une tête démesurée, placée sur un corps humain dont elle absorbe toute la substance. Néanmoins dans ces temps, on maintenait encore la circulation du numéraire, et il est le sang d'un état. Que diraient-ils aujourd'hui en voyant une ville qui aspire tout l'argent de France, pour ne plus le rendre.

Il est rare que les principes d'une saine économie éprouvent des oppositions dans la pratique. Les hommes et les choses concourent à leur application dans l'administration militaire. Les hommes : le ministre n'a-t-il pas dans les armées et dans les divisions de l'intérieur, des ordonnateurs qu'il peut charger du soin d'y faire acquitter les dépenses qui, à raison des localités, sont susceptibles de l'être? Les choses : faut-il donc rappeler les fournitures qui doivent être acquittées sur les lieux mêmes où elles sont faites; savoir : les étapes, le chauf-

fage, les transports, les hôpitaux, le casernement, etc.? Quelle conséquence tirer de là?
Qu'une grande partie des dépenses militaires
doit être acquittée dans les armées et dans les
divisions, et que le ministre doit laisser aux
commissaires-ordonnateurs la faculté d'ordonnancer ces dépenses. Ce système, au reste, n'est
pas nouveau; il serait très-aisé de rappeler
les époques où on l'a quitté (1) et de faire
connaître les motifs qui y ont fait renoncer.

L'on dira peut-être que le ministre doit
essentiellement veiller sur le paiement des dépenses de son département, et que le moyen le
plus efficace d'exercer cette surveillance, est
de faire effectuer les paiemens sous ses yeux et
d'après ses ordres directs. Je réponds que le
ministre ne cessera pas, dans le mode contraire,
d'exercer cette surveillance; j'ajoute encore
qu'il fera, en quelque manière, effectuer lui-
même les paiemens, puisque par les résultats
d'une bonne liquidation, il connaîtra, chaque
mois, les dépenses faites le mois précédent. Ce
sera seulement alors que le ministre ouvrira

_____

(1) On peut citer une décision du ministre de
la guerre, du 7 vendémiaire an 5.

des crédits aux ordonnateurs; il ne leur en accordera de nouveaux qu'autant qu'ils justifie-
ront, en se conformant à l'ordre établi pour
la comptabilité, de l'emploi des fonds qu'il va
mettre à leur disposition.

Si l'on se conduit autrement, les fournisseurs, dans l'intention et l'espérance de cir-
convenir le ministre, s'occuperont beaucoup
plus d'intriguer à Paris, que de remplir leurs
obligations à leur poste, et ils s'attacheront uniquement à lui cacher une conduite qui est
ouvertement scandaleuse et infidelle dans l'intérieur et aux armées. D'ailleurs l'argent qu'ils
toucheront à Paris, y restera; toutes les parties
de leurs services seront en souffrance, et des
sommes qui devaient être utiles, s'évapore-
ront en frivolités ou se condenseront par
l'agiotage.

Vainement voudra-t-on soutenir que c'est
aux ordonnateurs à veiller à ce que les fournisseurs n'emportent des divisions et des armées
que des pièces comptables, régulières et fidelles:
ils n'apporteront à cet examen qu'un zèle tiède,
parce qu'ils n'auront pas un intérêt direct à
agir autrement. L'objet de leur sollicitude première étant que le service se fasse, ils s'occuperont essentiellement des approvisionne-

mens et des consommations ; et comme ils ne seraient pas chargés d'en faire acquitter les dépenses, ils en négligeront la comptabilité.

En faisant acquitter dans l'intérieur et dans les armées une partie des dépenses, on anéantira tous ces inconvéniens ; et les ordonnateurs devenus les dispensateurs d'une certaine portion de fonds, auront un véhicule bien puissant pour contraindre à l'exécution de leurs engagemens, des hommes qui souvent ont pour principe de les violer. Les résultats de ce nouveau mode seront, en changeant les lieux des paiemens, de changer aussi l'emploi des fonds, ainsi que les moyens dont on se servira pour les toucher. Alors les fournisseurs chercheront, dans une bonne gestion, les bénéfices qu'ils trouvaient ailleurs, et on aura encore une fois concilié leurs devoirs avec leur intérêt ; enfin, l'argent circulant avec activité, alimentera les fournisseurs particuliers et les sous-traitans, retiendra dans le chemin étroit de la probité, une foule d'employés que le besoin en écarte souvent, et répandra également dans toutes les parties du corps politique la force et la santé.

CHAPITRE IV.

Du paiement des dépenses militaires, ou des rapports de l'administration militaire avec la trésorerie nationale.

LES principes et les règles de la comptabilité des finances de la république, ou pour mieux dire, de la comptabilité en deniers, sont déterminés d'une manière assez précise, soit par l'acte constitutionnel, soit par des lois réglementaires.

Le corps législatif fixe les dépenses et les fonds qui doivent y faire face.

Le directoire exécutif fait la distribution de ces fonds entre les différens services, sur les crédits ouverts aux ministres.

Le ministre des finances est chargé d'activer et de surveiller le recouvrement des impôts et des autres branches de revenus de l'état.

La trésorerie a sous sa garde le trésor public, et elle fait acquitter, par les receveurs de département et par ses payeurs, toutes les dépenses,

soit sur les ordonnances que délivrent les fonctionnaires qui en ont le droit, soit d'après tel
autre mode déterminé par la loi.

Enfin la trésorerie rend le compte général
en recette et dépense de la république, ce qui,
ainsi que je l'ai fait observer ailleurs, veut dire
seulement qu'elle rend le compte en deniers de
la république, par entrée et sortie. Dans ce
compte, se trouve compris celui des fonds
employés à acquitter les dépenses militaires.

D'après l'exposition de ce système, il est
aisé de voir que la trésorerie nationale tient
de deux natures : dans l'ordre constitutionnel,
elle est une autorité indépendante; dans l'ordre
administratif, elle est un bureau chargé de
recevoir et de payer, ou de faire payer. Je ne
la considérerai dans ce chapitre que sous ce
dernier rapport.

Comme bureau chargé de recevoir et de
payer, la trésorerie est nécessairement passive;
dès-lors tout cet échafaudage de grandeur,
toute cette bouffissure administrative qui la
dénaturent, doivent disparaître. Ce n'est plus à
elle à activer le recouvrement des impôts et des
revenus publics ; ce soin regardera exclusivement le ministre des finances ; elle doit seulement rester chargée du maniement des fonds,

lorsqu'ils sont versés dans ses caisses. Elle n'est plus juge de la légitimité intrinsèque , ni de l'urgence des dépenses ; elle ne doit vérifier que les formes matérielles des ordonnances : si elles sont légales, elle doit payer.

Son organisation intérieure sera modelée d'après ces données , et ses rouages seront réduits dans les proportions de ces attributions. Dès-lors il ne faudra plus, pour l'ordre des recettes, qu'un bureau général où l'on ouvrira des registres pour chaque nature d'impôts et de revenus , et une caisse générale pour recevoir : pour l'ordre des dépenses, il ne faudra plus qu'un bureau général divisé en quatre sections correspondantes aux quatre divisions naturelles des dépenses publiques ; savoir : la première section, pour la dette publique et les pensions ; la seconde , pour les dépenses civiles ; la troisième , pour les dépenses de la guerre ; la quatrième, pour les dépenses de la marine ; et quatre caisses de distributions.

L'on doit s'étonner, que la trésorerie, qui est chargée de faire payer les dépenses comprises dans les quatre sections dont je viens de parler , soit en outre l'ordonnateur de l'une de ces sections, je veux dire de celle de la dette publique et des pensions ; car, s'il **est** un principe incontestable en finances, c'est que celui qui ordonnance ne doit jamais ordonnancer sur soi-même, ni avoir la disposition matérielle de l'argent. Pourquoi donc laisser à la trésorerie une attribution qui est en opposition avec son institution? Pourquoi ne ferait-on pas de cette attribution, l'objet d'un nouveau ministère, ou ne la réunirait-on pas à un de ceux qui existent déjà?

Je n'approfondirai pas cette matière, elle est étrangère à mon sujet; je la crois cependant digne d'être méditée et susceptible des plus grands développemens. Oui, rentiers, pensionnaires, créanciers de l'état, qui êtes portés sur le livre de la dette publique, si un ministre eût été chargé de vos intérêts, vous eussiez trouvé en lui un appui; il eût défendu votre cause intéressante auprès du gouvernement; il vous eût obtenu des secours : il eût plus fait, il eût empêché la perte de la majeure partie de votre fortune. Hommes infortunés! vous avez payé cruellement cher cette innovation administrative, et vous êtes bien plus les victimes de l'anthypathie qui, dans le système actuel, doit nécessairement exister entre la trésorerie nationale et le ministre des finances, que de la détresse du trésor public.

Dans la comptabilité militaire , tout ce qui est antérieur au paiement des dépenses, tout ce qui tient aux formes préliminaires de l'ordonnance et l'ordonnance elle-même, sont exclusivement du ressort du ministre et des commissaires des guerres. Le paiement matériel, la vérification des formes des ordonnances et la reddition du compte en deniers, sont du ressort de la trésorerie nationale.

Je vais parcourir rapidement ces trois attributions.

La trésorerie fait acquitter les dépenses militaires par des payeurs : conservera-t-on ce mode, ou bien chargera-t-on les receveurs des départemens, qui déjà payent les dépenses civiles , d'acquitter aussi les dépenses militaires ?

Cette question plusieurs fois agitée , n'est pas encore résolue : je crois que l'économie serait le seul motif qui pourrait faire incliner à supprimer les payeurs. Mais de quel poids peut être cette considération , dans un système où leur existence est liée aux principes et à l'ordre ?

Je dis les principes et l'ordre : ils veulent en effet que chaque classe de dépense ait sa caisse particulière ; et si l'on croyait devoir supprimer les payeurs de la guerre, pourquoi con-

serverait-on ceux de la marine ? Mais dans
cette hypothèse, quel désordre ne présenterait
pas l'administration des deniers publics ? Comment parviendrait-on à séparer les différentes
comptabilités, et à obtenir des comptes par
chaque nature de dépenses ? Comment sur-tout,
conserverait - on la division et la libre disposition des fonds affectés à chacune d'elles,
puisque ces fonds seraient entassés dans une
seule caisse ?

Qu'on rapproche ensuite l'organisation exté-
rieure de la trésorerie, de son organisation
intérieure; elles ne seraient plus en rapport,
si on supprimait les payeurs : on se rappelle,
en effet, que dans le sein de la trésorerie, les
dépenses sont classées en sections auxquelles
doivent correspondre les caisses extérieures.

On conservera donc les payeurs sauf à
les réduire au nombre qu'exige rigoureusement le service. On fera plus : on mettra dans
les fonds, la même division qui existe dans les
caisses, c'est-à-dire, qu'on affectera à chaque
section de dépense des fonds particuliers.
Cette idée rentre dans la théorie des impôts
considérés comme masses dans l'administration
générale, théorie dont je parlerai bientôt.

Mais les payeurs seront-ils abandonnés à

eux-mêmes, ou les rattachera-t-on, par
des moyens neufs, à la trésorerie? Je rentre
dans son domaine : « elle a le droit de vérifier
» les formes des ordonnances, et elle doit
» rendre le compte en deniers ».

La nécessité de donner à la trésorerie les
moyens de vérifier les formes des ordonnances,
découlait tellement du système actuel, que
pour lui en faciliter l'exercice, on a créé dans
son sein, des contrôleurs, et dans chaque armée, un contrôle (1). Mais s'il est vrai de dire,
qu'au-dedans de la trésorerie ce contrôle soit
bien organisé, on reconnaît bientôt, qu'au-dehors, il en est tout autrement; car, dans les
armées, au lieu de la chose, on ne trouve que
le mot, et au lieu d'une institution, un homme.
Encore a-t-on négligé d'étendre cette mesure
aux payeurs des divisions de l'intérieur. Pourquoi, si cette institution était inutile, avoir
eu l'air de l'organiser? Pourquoi, si elle est
nécessaire, n'en présenter que l'ombre?

Ce serait peut-être le cas de développer la
théorie entière du contrôle, sans lequel il ne
peut exister ni ordre, ni méthode, ni garantie
dans le maniement des deniers d'un état;

_____

(1) Loi du 1er. mars 1792, an 4 de la liberté.

mais je resserrerai cette discussion dans ce qui est relatif à la comptabilité militaire. Au reste, les principes sont uns, et l'on peut facilement, avec quelque sagacité, en généraliser les conséquences et l'application. Pour peindre cependant d'un seul trait l'institution et le but du contrôle, je dirai qu'il est dans la comptabilité des fonds, ce qu'est la liquidation dans la comptabilité des dépenses : par l'un et par l'autre, l'on obtiendra les mêmes résultats, l'ordre et des comptes.

Cependant, pour vouloir donner à la trésorerie, dans la comptabilité militaire, une influence qu'elle n'a pas, il faut bien se garder de tomber dans l'excès contraire, et de dépasser la ligne qui sépare la comptabilité des dépenses, de la comptabilité des fonds. L'institution du contrôle aura donc seulement pour objet, la vérification des formes des ordonnances des dépenses militaires et la confection des comptes des payeurs.

On créera dans chaque armée un contrôle général, parallèle, si je peux me servir de cette expression, au bureau central de liquidation : en même temps que celui-ci préparera les comptes des dépenses, celui-là préparera la comptabilité des fonds.

On établira encore près de chaque payeur
employé dans les divisions actives et dans les
divisions de l'intérieur, un contrôleur.

Les fonctions de contrôleurs seront de sur-
surveiller les opérations des caisses et d'en
tenir les livres. Il ne pourra être fait dans les
caisses aucun versement, ni en sortir aucun
fonds sans leur concours. Ces contrôleurs viseront toutes les pièces de dépense, après avoir
examiné si les formalités prescrites par la constitution et par les lois pour la garantie de la
trésorerie, y sont remplies : en aucun cas, ils
ne se mêleront de juger du mérite intrinsèque
des ordonnances.

Enfin, les contrôleurs s'acquitteront de leur
dernière obligation qui s'applique à la reddition des comptes des payeurs. La trésorerie
déterminera le mode de la reddition de ces
comptes, ainsi que les époques où les envois
lui en seront faits. Elle formera de ces comptes
partiels, le compte général des fonds employés
aux dépenses de la guerre. Ce compte, le seul
dont doive s'occuper la trésorerie, sera remis
par elle à la comptabilité nationale.

Peut-être l'on me reprochera de trop mul-
tiplier les rouages de l'administration. L'on se
tromperait : je ne fais qu'employer utilement

ceux qui existent. Chaque payeur n'a-t-il pas, en effet, son teneur de livres? Ce teneur de livres ne touche-t-il pas un traitement? Mais ce teneur de livres n'est actuellement que l'homme du payeur; il ne fait que ce qui lui convient, et doit par cette raison, nécessairement nuire à la marche de la comptabilité. Au contraire, dans le système que je propose, le contrôleur, qui ne cessera pas d'être un teneur de livres, sera l'homme de la trésorerie; il aura un caractère public et sera personnellement responsable de l'exécution des ordres qui lui seront transmis.

Cette explication suffit pour donner une idée juste de la nature des fonctions des contrôleurs, et pour détruire la fausse opinion que leur création, ou pour mieux dire, que la conversion des teneurs de livres actuels, en hommes publics, multiplierait les rouages de l'administration; il y a plus, elle n'en augmenterait presque pas les dépenses.

CHAPITRE V.

De l'apurement des comptes des dépenses de la guerre, ou des rapports de l'administration militaire avec la comptabilité nationale.

LA constitution dit peu de choses de la comptabilité nationale; aucune loi réglementaire ne s'en est occupé.

La constitution présente cette institution, comme un bureau général chargé de *vérifier* et *d'arrêter* les comptes des dépenses publiques (1), et elle accorde seulement aux commissaires de la comptabilité le droit *d'informer le corps législatif des abus et des malversations* qu'ils découvrent dans le cours de leurs opérations (2).

Ce système est vicieux, et on paraît avoir oublié que la comptabilité nationale est le

_____

(1) Art. 322 de la constitution.

(2) Art. 323 de la constitution.

dernier degré de jurisdiction où arrivent les comptables.

Il fallait ériger la comptabilité nationale en tribunal suprême ; il fallait lui déléguer le pouvoir de prononcer sur toutes les questions et dans tous les cas relatifs à l'apurement des comptes ; enfin, il fallait définir les attributions de la comptabilité, par ces expressions techniques, *vérifier et apurer*.

Ces dispositions eussent suffi pour imprimer à la comptabilité le caractère constitutionnel qu'elle devrait avoir et qu'on a sans doute eu l'intention de lui donner. Son organisation intérieure, son mode de travail et ses rapports avec les comptables devenaient une suite nécessaire de cette manière d'être. Mais le principe n'existant pas, les conséquences n'ont pu en être déduites : dès-lors les comptables sont restés entièrement étrangers à la comptabilité nationale ; aucun compte ne lui a été remis ; et sans moyens coactifs pour les obtenir, elle est comme si elle n'existait pas.

Croit-on qu'il soit bien difficile de remplir cette lacune ? Croit-on qu'il faille attendre du temps et des formes constitutionnelles, le redressement de cet état de choses ? Il suffira d'adopter provisoirement cette mesure :

« Fixer le délai dans lequel la trésorerie et les
» ministres prépareront respectivement leurs
» comptes de l'année écoulée, et déterminer
» le jour de l'année suivante, où la remise de
» ces comptes sera faite aux commissaires de
» la comptabilité ».

Le temps moralement nécessaire à la trésorerie, pour la préparation du compte en deniers d'une année, si cependant elle a un
contrôle général, ne peut excéder six mois.
On peut calculer sur les mêmes données pour
la confection des comptes en dépenses des ministres, si on organise dans le sein des ministères des établissemens liquidateurs.

En raisonnant dans cette hypothèse, on assujettira la trésorerie à remettre à la comptabilité
nationale, le compte en deniers de l'an 6, (je
le suppose) le premier germinal de l'an sept.
On adoptera la même mesure pour la remise
des comptes des ministères, et on continuera
ainsi d'année en année.

Les commissaires de la comptabilité se trouvant, de cette manière, nantis de tous les
comptes, soit des fonds, soit des dépenses, il faut
aussi fixer le délai dans lequel ils feront eux-
mêmes la vérification et l'apurement de ces
comptes. Sans cette dernière précaution, les

comptables infidèles, ignorans ou inexacts
échapperaient encore à leur responsabilité,
car le temps dévore tout, et une comptabilité
dont l'apurement est trop retardé, est une
comptabilité renvoyée aux kalendes grecques.

Le délai qu'on accordera aux commissaires
de la comptabilité, pour cette opération, sera
d'une année, à compter du jour où la remise
des comptes leur aura été faite. Ainsi, les
comptes de l'an six leur étant remis le premier
germinal de l'an sept, ils rendront leur apurement public le premier germinal de l'an huit.

Lors même que des dépenses ordonnées ou
ordonnancées n'auraient pas été acquittées,
la liquidation définitive qui en aura été faite par
les ordonnateurs qu'elles concernent, ne sera pas
moins portée dans leurs comptes, pour mémoire.
L'apurement de ces dépenses sera fait par les
commissaires de la comptabilité, de la même
manière que celui des dépenses acquittées ; parce
que le paiement matériel est un acte indifférent,
lorsqu'il s'agit seulement de juger si la dépense
est légitime ou non, et que le paiement, en ce
sens, est une opération qui appartient exclusivement au gouvernement.

Mais la remise des différens comptes aux
commissaires de la comptabilité, dans les délais

qu'on aurait fixés, ne serait considérée que
comme un objet de forme et serait bientôt
éludée, si on ne lui donnait une authenticité
qui fixe tous les regards sur son exécution.

Pour atteindre ce but, je proposerais de faire
de cette remise, une cérémonie publique; je
voudrais en conséquence, que les commissaires
de la comptabilité, juges souverains en cette
partie, se formassent le premier germinal de
chaque année en assemblée générale; que là,
en présence de leurs concitoyens, les ministres
et les commissaires de la trésorerie fissent
à ceux de la comptabilité la remise de leurs
comptes respectifs, et qu'ils en présentassent,
dans un rapport écrit, l'analyse. Les commissaires de la comptabilité recevraient ces
comptes et en ordonneraient le dépôt dans
leurs archives. Ces commissaires rendraient
encore public, dans la même séance, l'apurement des comptes qu'ils auraient reçus le
premier germinal de l'année précédente.

S'il arrivait, par quelque cause que ce fût,
que la trésorerie, les ministres, ou l'un d'eux
ne pussent pas remettre à l'époque déterminée,
aux commissaires de la comptabilité, la totalité
ou partie de leurs comptes, ils ne s'en présenteraient pas moins les uns et les autres à l'as-

semblée générale. Ils y exposeront par écrit, les motifs qui ônt re****** la confection de leurs comptes ; les commissaires de la comptabilité fixeront sur-le-champ, ou au moins dans les trois jours suivans, le nouveau délai qui leur sera accordé.

Cette décision sera transmise au cops législatif, pour être approuvée; il pourra augmenter ou diminuer le délai : dans le cas où le corps législatif serait ajourné, la décision aura par soi-même, force de loi.

Enfin, il faudrait autoriser les commissaires de la comptabilité, à employer les moyens de contrainte qu'ils jugeront nécessaires, contre tous comptables qui, primitivement, ou dans les nouveaux délais qui leur auraient été accordés, n'auraient pas rendu leurs comptes.

Il est des plans dont l'utilité ressort de leur exposition ; celui-ci me paraît être de ce nombre. Ses moyens d'exécution sont aussi simples que ses résultats me paraissent certains. Ce plan pourrait cependant éprouver, dans son application, des obstacles de la part de quelques fonctionnaires qui seraient intéressés à les faire naître; car il est bien doux de s'assoupir dans l'or et dans les honneurs, sans être réveillé par des devoirs à remplir, et par une responsabilité à mettre à découvert.

Mais pourquoi céderait-on à des difficultés créées autant par la vanité que par l'intérêt? Jadis les secrétaires d'état, les gardes du trésor royal rendaient leurs comptes dans le cabinet silencieux d'un roi et à une chambre des comptes dont ils ne déclinaient pas la juridiction: aujourd'hui les commissaires de la trésorerie, les ministres d'un gouvernement devenu populaire doivent rendre les leurs publiquement et à l'autorité constitutionnelle, instituée pour les recevoir.

L'application de ce système se fait d'elle-même à la comptabilité militaire, puisque la position du compte en deniers qui la concerne, se trouvera comprise dans le bilan général de la trésorerie, et que le compte en dépenses, rendu par le ministre de la guerre, sera remis, ainsi que celui de la trésorerie, aux commissaires de la comptabilité, qui les apureront tous deux dans l'année qui suivra cette remise.

S'il eût été possible que des relations nécessairement très-rapprochées et quelquefois intéressées, entre les divers agens de l'adminis-

tration militaire, eus-ent facilité quelques malversations, elles n'échapperont pas à cette dernière
vérification, qui sera vraiment le creuset épura-
toire de la gestion de tous les administrateurs et
de tous les comptables. Mais on doit croire
que cette gestion ne présentera que méthode et
fidélité ; car, si l'obscurité favorise le désordre
et les dilapidations, le grand jour ne doit éclairer
que l'ordre et la probité. Qu'importerait, au reste,
que quelques infidélités partielles surnageâssent
encore ; l'ordre général n'en serait point troublé!
Et tel doit être le résultat des institutions bien
conçues, qu'elles produisent le bien malgré
les obstacles qu'y apporteraient les hommes.

Parlerai-je un instant des chambres ardentes
dont l'ancien gouvernement a donné le spectacle ? Parlerai-je de ces commissions ambulantes dont une république voisine vient de
faire l'essai ? Ces mesures sont hors des limites
constitutionnelles de la législation des états où
la liberté civile est respectée, et hors des principes d'une sage administration. Abstraction
faite de leur nullité pour l'objet qu'on se propose, abstraction faite aussi des injustices et
des vexations qu'elles produisent, elles at-
testent la faiblesse et l'inexpérience des gouver-

nemens qui les emploient ; car, EN ADMINIS-
TRATION, LES MALVERSATIONS NE SE PROUVENT
PAS, ET LE MAL FAIT EST IRRÉPARABLE. Ce
n'est donc que des moyens de le prévenir qu'il
faut s'occuper.

LIVRE CINQUIÈME.

De l'administration militaire considérée dans l'état de paix, et dans ses rapports avec les finances, le gouvernement et l'ordre judiciaire.

CHAPITRE PREMIER.

De l'administration militaire considérée dans l'état de paix.

SECTION PREMIÈRE.

Motifs de ce chapitre.

L'ÉTAT de guerre est contre nature; je dirais presque contre la société, si une pareille assertion pouvait se soutenir devant l'expérience et l'histoire de tous les temps, qui nous présentent les peuples s'entre-déchirant sans

24

cesse. Mais je laisse aux ouvrages intéressans de cet écrivain philantrope qui a appelé la paix générale sur la terre, le soin de grossir les prosélites d'une si belle doctrine ; je laisse aussi, au système politique qui, comme un torrent, se déborde dans l'Europe, la tâche glorieuse et touchante de réaliser ce vœu d'une ame vertueuse. En attendant de si heureux résultats, et puisque tout en partageant ce vœu, je traite un sujet qui se lie à la guerre, j'achèverai de remplir le cadre dans lequel il se place.

Cependant, si l'état de guerre n'est pas anti-social, il est au moins, en modifiant cette idée, hors de l'ordre ordinaire. Il paraîtrait donc que la guerre cessant, tous les élémens de l'administration étant sans application, cette science ne devrait plus être que l'objet d'une étude spéculative. Néanmoins, la politique des états, leurs rapports, leur sûreté, exigeant qu'ils conservent sur pied, même en temps de paix, une partie de leur appareil de guerre et de leurs moyens de défense, on reconnaît bientôt qu'aux mouvemens des troupes, qu'à quelques fournitures et à l'extinction de quelques services actifs près, l'administration militaire reste encore la même qu'en temps de guerre. Seulement, ses règles se trouvant indépendantes de tous les événemens, leur observation doit être maintenue avec toute l'exactitude et la sévérité possible.

C'est ce motif qui m'a déterminé à analyser les principes d'où ces règles découlent, parce que si on étendait à l'administration militaire, en temps de paix, ceux qui ne s'appliquent qu'à l'état de guerre, on la compliquerait sans obtenir plus d'ordre, et on la rendrait plus dispendieuse, sans améliorer le sort des militaires. D'ailleurs, l'administration organisée pour le temps de paix, ne doit souffrir aucune altération pendant la guerre; il suffira d'augmenter ses ressources et de renforcer ses moyens d'action, de surveillance et de comptabilité.

Je conclus de cette vérité, qu'il est nécessaire d'entrer dans une discussion qui doit éclairer, en le simplifiant, le sujet que je traite.

SECTION II.

Du matériel de l'administration.

On adoptera pour première règle dans l'administration militaire, en temps de paix, de réduire le plus possible les fournitures en nature :

cette réduction cependant ne pourrait les embrasser toutes sans devenir abusive ; on conservera celles-ci :

Le pain,

Le fourrage pour la cavalerie,

L'habillement et l'équippement,

Les subsistances en route et les convois militaires,

Les fournitures d'hôpitaux,

Le casernement,

Les bois et lumières,

Les remontes.

Il est encore deux espèces de fournitures et un service qu'il sera nécessaire d'entretenir en temps de paix, les approvisionnemens des places, les effets de campement et le matériel de l'artillerie et du génie.

Quel système emploira-t-on pour l'administration de ces fournitures ?

En proposant les entreprises pour toutes les fournitures d'armées, je n'ai eu pour objet principal, que de défendre le trésor public des dilapidations que leurs mouvemens précipités et la variété de leurs besoins, rendent inséparables des régies ; mais en thèse générale, et cela s'applique particulièrement au temps de paix, il faut allier les intérêts pécuniaires du gouverne-

ment avec l'existence de l'administration. Or,
l'administration ne pourrait se soutenir avec
des entreprises exclusives dont l'effet inévitable serait d'en tuer l'esprit et le goût, pour
y substituer des idées absolument mercantilles,
étroites et tendues uniquement vers le gaîn.

Cependant, l'administration étant une science
haute et compliquée, dont on ne peut connaître
les principes que par l'étude, et les détails que
par une expérience usuelle, il est nécessaire
pour avoir des administrateurs instruits et des
employés à qui on puisse donner quelque confiance, il est nécessaire, dis-je, de consacrer
une branche de fournitures ou un service à leur
instruction.

Le choix ne peut être douteux ; il doit tomber sur le service des vivres, le plus important
et le plus étendu de tous. Au reste, en lui donnant la préférence, je ne fais que déférer à cette
saine opinion qui, dans tous les temps, l'a re-
gardé comme le principe des autres, et son exploitation comme la pépinière, d'où doivent
sortir des élèves qui porteront un jour, dans
toutes les parties de l'administration, des connaissances acquises. Si cependant, en temps de
paix même, on suivait pour le service des
vivres, le système de l'entreprise, on perdrait

un établissement, qu'on peut regarder comme l'école normale de la science administrative, et bientôt on ne retrouverait ni comptables, ni administrateurs.

Mais, si pour conserver et répandre les lumières administratives, il faut substituer au système de l'entreprise pour le service des vivres, un autre mode, il est encore de nouvelles raisons, tirées de la nature même de ce service et de ses rapports avec l'économie générale de l'état, qui fortifient cette opinion.

En effet, le soldat consomme son pain sur toute la surface de la république; son territoire fournit à ces consommations à proportion de ses récoltes, et il faut élever de toutes parts des établissemens manutentionnaires pour préparer le pain. La fourniture du pain se lie donc à l'agriculture, au commerce et à l'industrie. En laissant ce service à des entrepreneurs, le gouvernement ne perdrait-il pas son influence sur ces principaux mobiles de la prospérité publique? Cette réflexion ne peut pas s'appliquer aux autres fournitures qui ne tiennent à l'intérêt général que par des points isolés, et qui ne demandent, pour leur manutention, que quelques établissemens répartis avec ordre et intelligence.

Cependant, si je pense qu'on doive rejeter, pour la fourniture du pain dans l'intérieur, l'entreprise, qu'on ne croie pas que je veuille faire revivre ces régies indéfinies dont la révolution nous a présenté le hideux spectacle. Dans mon opinion, cette branche de l'administration serait resserrée dans des règles tellement précises, que sa marche serait aussi invariable que sa comptabilité serait simple ; et j'attacherais par leur intérêt les administrateurs à ce nouveau régime.

On prévoit que je vais parler de la régie intéressée : voici comment je la combinerais.

Les achats de grains seraient justifiés par des factures visées par les commissaires des guerres et par les municipalités des communes où les achats auraient été faits, et les prix ne seraient alloués en dépense que sur les mercuriales des marchés publics. Il est sans doute inutile de dire que les mercuriales rapportées par les comptables ne seraient pièces justificatives, qu'autant qu'elles se trouveraient conformes aux mercuriales des communes où les achats auraient été faits; mercuriales qui seraient transmises par les administrations centrales des départemens, au ministre de la guerre.

J'établirais ensuite un prix fixe pour la ma-

nutention de la ration ; en même temps que
les revues justifieraient la quotité des rations
consommées, elles fixeraient aussi la quotité de
celles manutentionnées : et ce serait seulement
sur les revues qu'on paierait les dépenses de
manutention. Dans cette hypothèse, les con‑
sommations justifieraient la force des grains
fournis. Or, comme on sait ce qu'un sac de
farine doit rendre, préparé en ration, l'emploi
des matières serait prouvé par la quotité des
rations consommées.

Ainsi, d'une part, je généraliserais toutes les
bases de la comptabilité, de manière qu'on re‑
trouverait dans les comptes de cette adminis‑
tration la même simplicité que dans ceux
d'une entreprise, lorsque de l'autre, je soumet‑
trais encore cette administration à employer
toutes les formes intérieures d'une régie simple,
pour compter chaque année, de clerc à maître,
avec le gouvernement. Mais ce compte aurait
seulement pour objet d'établir les bénéfices ré‑
sultans d'une bonne gestion, et jamais il ne
pourrait présenter de déficit qui, dans tous les
cas, resterait à la charge des régisseurs.

Je mettrais à la tête de ce service, cinq admi‑
nistrateurs éclairés ; indépendamment de leur
traitement, je leur accorderais une part dans

les économies qu'ils feraient sur la masse consacrée à cette fourniture.

Ce plan ne doit être mis à exécution que
dans un ordre de choses stable et bien réglé : si
cet ordre pouvait être troublé et qu'on le pré-
voie, il sera plus prudent de s'en tenir aux
entreprises; si, sans l'avoir prévu, on s'y trouve
jeté, on ne pourra rien faire de mieux que de
retourner à l'entreprise. Mais on se gardera
bien de donner toute une branche de fournitures à une seule compagnie, parce que l'entreprise, n'étant au fond qu'une opération de
commerce, la généraliser dans une seule main,
ce serait gêner le commerce en cette partie, et
établir indirectement une espèce de monopole.

On se gardera bien aussi d'abandonner aux
entrepreneurs les ustensiles et autres effets mo-
biliers nécessaires à l'exploitation du service des
vivres, comme on l'a fait en l'an 5 à l'égard de
ceux des hôpitaux et de l'habillement; on les
leur laissera seulement à titre de dépôt, sous
la condition expresse de les rendre à la fin de
leur marché. Le moment n'est pas loin où l'on
connaîtra, par les dépenses énormes que coûtera
le remplacement de ces effets, l'inconséquence
et le vice de leur abandon.

En temps de guerre, on n'intervertira pas

cet ordre de service. On fera des entreprises
pour la fourniture du pain dans les armées qui,
destinées à prendre l'offensive, doivent quitter
le territoire de la république.

Quant aux autres services, on les réglera
d'après les bases que j'ai fait connaître ; c'est-
à-dire, qu'à l'exception des hôpitaux, à l'exception encore du matériel de l'artillerie dont l'administration sera confiée à une régie, ils seront
tous assurés par des marchés.

SECTION III.

De l'action administrative.

L'on doit se rappeler que l'action administrative réside dans les conseils d'administration
des corps, dans les chefs de services, dans les
commissaires des guerres et dans le ministère
de la guerre ; cette action restera la même en
temps de paix.

L'on doit se rappeler aussi que j'ai proposé
des plans de réorganisation pour les conseils
d'administration, le corps des commissaires des
guerres et le ministère de la guerre. Je ne reviendrai pas sur ces idées, parce que je tiens bien
moins à ce qu'elles soient adoptées, qu'à con-
vaincre mes lecteurs qu'il faut s'en emparer

et les mûrir. Jusques-là on n'obtiendra pas dans l'administration un ensemble, une activité et une précision qui ne peuvent résulter que du mouvement qui lui sera imprimé.

SECTION IV.

De la comptabilité.

Les principes de la comptabilité qui embrasse l'observation des formes des pièces comptables, la disposition des fonds, la liquidation, le paiement et l'apurement des dépenses de la guerre, sont invariables : ces principes doivent, en temps de paix comme en temps de guerre, recevoir leur application. On supprimera cependant les bureaux centraux de liquidation des armées, parce que les troupes se trouvant stationnées dans les divisions militaires de l'intérieur, rien ne peut et ne doit s'opposer à ce que les commissaires des guerres, sous la direction des ordonnateurs, fassent tout le travail des décomptes des fournisseurs, et celui des décomptes de trimestre pour les corps.

On supprimera aussi l'établissement du contrôle de chaque armée ; on conservera seulement un contrôleur près de chaque payeur divisionnaire.

Ici se termine la composition de toutes les parties qui constituent l'administration militaire. Mais les ressorts en seront bientôt dérangés et hors de service, si la circulation de l'argent n'y entretient pas une élasticité générale ; on pourrait alors la comparer à une fontaine dont la source viendrait à tarir. Le système de cette branche d'administration se lie donc au système général des finances de la république ; je vais rechercher leurs rapports réciproques.

CHAPITRE II.

Rapports du systême de l'administration militaire avec celui des finances.

SECTION PREMIERE.

Analyse de ces rapports.

L'ADMINISTRATION militaire tient aux finances, par les fonds : si les fonds manquent, l'administration militaire tombe.

Comment assurera-t-on au ministre de la guerre les fonds consacrés aux dépenses de son département ?

On reconnaît, en cherchant à résoudre cette question, que le vice essentiel qui se rencontre dans l'administration militaire, se retrouve aussi dans l'administration générale des finances , l'absence des masses ; d'où il résulte qu'on peut dire au ministre de la guerre : « Vous

» avez bien un crédit sur la trésorerie natio-
» nale, mais les fonds manquent ou sont né-
» cessaires ailleurs ».

Cependant, s'il est prouvé qu'il doit y avoir
des masses particulières dans l'administration
militaire, il est évident qu'il doit y en avoir aussi
dans l'administration des finances ; car les masses
des différens services publics, sont à l'égard de
cette administration dans les mêmes rapports,
que les masses particulières des services militaires vis-à-vis de l'administration militaire.

On divisera donc l'administration des fonds
publics, en grandes masses correspondantes
aux besoins de chaque ministère et des divers
établissemens chargés d'ordonner et de dépenser. La masse générale des deniers publics se
composera alors des fonds affectés partiellement à chaque ministère et à chaque établissement, de même que la masse de ces ministères
et établissemens doit se composer des masses
particulières de leurs différentes dépenses.

Cette idée première ne peut se développer
parfaitement, qu'en la combinant avec notre
système financier; je vais en exposer la théorie.
Dans l'application, la trésorerie, le ministre
des finances, les autres ministres, tous les ordonnateurs enfin, y trouveront leurs attributions

respectives, et les limites qui les séparent les unes des autres.

SECTION II.

Principes généraux de la théorie des impôts, ou des impôts considérés comme masses dans l'administration publique.

PREMIER PRINCIPE.

Les impôts ne sont légitimes que lorsqu'ils sont nécessaires.

Première conséquence. Les impôts ne doivent pas excéder les dépenses de l'état; quelques considérables que soient ces dépenses, si elles sont indispensables, les impôts doivent y faire face.

Seconde conséquence. Les frais de perception des impôts doivent être réduits le plus possible, parce que la portion qu'ils en absorbent est une surcharge sur le peuple.

SECOND PRINCIPE.

L'impôt étant levé sur le peuple et pour l'intérêt du peuple, il doit frapper sur tous sans être particulièrement onéreux à aucun; le recouvrement doit en être effectué sans employer des voies dures et vexatoires.

Première conséquence. Tout impôt qui nuirait à l'agriculture, enchaînerait l'industrie, gênerait le commerce et augmenterait le prix des objets de première nécessité, doit être rejeté.

Seconde conséquence. L'impôt dont la perception exigerait des régimens d'employés, des barrières, des visites, des peines infamantes ou corporelles, doit être proscrit.

TROISIÈME PRINCIPE.

L'art d'administrer les finances d'un état se réduit à égaler les recettes et les dépenses entr'elles.

Première conséquence. Il faut séparer le produit brut du produit net de l'impôt.

Seconde conséquence. Il faut diviser les dépenses par leur nature et en déterminer la quotité.

Troisième conséquence. Le paiement de chaque dépense doit être assigné sur le produit net d'une branche d'impôt.

QUATRIÈME PRINCIPE.

Les dépenses ne doivent être acquittées que sur des pièces revêtues des formes prescrites par les lois, et seulement sur les fonds qui leur sont affectés.

Première conséquence. Le trésor public doit être mis sous la garde d'une autorité indépendante.

Seconde conséquence. L'indépendance de cette autorité consiste à ne pouvoir être contrainte à se désaisir des fonds sur des ordres arbitraires ou sur des pièces illégales, et à ne pouvoir être contrainte à employer à une dépense le produit d'un impôt désigné pour une autre.

Troisième conséquence. Cette autorité doit rendre le compte des deniers publics par entrée et sortie.

CINQUIÈME PRINCIPE.

L'emploi des deniers provenant des impôts, intéressant l'universalité des citoyens, le compte doit en être rendu public.

Première conséquence. Les dépenses pu-

25

bliques, se divisant entre plusieurs ministères
et quelques autres établissemens, chaque ordonnateur doit rendre le compte de celles qui le
regardent.

Seconde conséquence. Les dépenses de
chaque ministère et de chaque établissement,
se divisant en différentes branches, il doit être
rendu un compte particulier pour chacune
d'elles.

Troisième conséquence. Tout mode duquel
l'impossibilité de la reddition des comptes résulterait, serait abusif. Tout système dans lequel le principe de la reddition des comptes
ne serait pas établi, serait vicieux.

SIXIÈME PRINCIPE.

Les ordonnateurs chargés de recevoir ou de
dépenser, ne doivent pas apurer leurs comptes.

Première conséquence. Il doit exister une
autorité supérieure chargée de recevoir et d'a-
purer les comptes.

Seconde conséquence. Cette autorité doit
être munie de pouvoirs suffisans pour faire
rendre les comptes et poursuivre les comptables en retard ou rélicataires.

Troisième conséquence. La reddition des

comptes étant publique, leur apurement doit l'être aussi.

SECTION III.

Application du système des impôts, considérés comme masses dans l'administration générale.

OBJECTIONS ET RÉPONSES.

ARTICLE PREMIER.

Application du premier principe.

Les législateurs doivent déterminer la masse des impôts, à raison de celle des dépenses. L'une et l'autre masses doivent être fixes.

Les impôts seront combinés de telle manière, qu'il soit inutile d'en créer de nouveaux.

Si des événemens imprévus, tels qu'une guerre, une forte disette, des maladies contagieuses nécessitent de nouvelles dépenses, les législateurs augmenteront les impôts dans la proportion de ces nouvelles dépenses; dans ce cas, l'excédant mis sur les impôts sera appelé revenu extraordinaire; et les dépenses, dépenses extraordinaires.

Les événemens qui ont occasionné les dépenses extraordinaires, venant à cesser, les dépenses cessant aussi nécessairement, la perception de l'excédant sur les impôts n'aura plus lieu; on reviendra à l'ordre fixe.

OBJECTION.

Ce système fatiguerait le peuple qui verrait trop souvent augmenter la masse des impôts. Il sera plus avantageux d'employer le crédit pour se procurer des fonds, qui puissent faire face aux dépenses extraordinaires. D'ailleurs les impôts étant une fois portés à un taux supérieur, il serait bien difficile d'obtenir des gouvernans, leur réduction à ce que vous appelez le taux fixe.

RÉPONSE.

On ne me contestera pas la nécessité et l'avantage de diviser les revenus et les dépenses de l'état, en revenus et en dépenses fixes, et en revenus et dépenses extraordinaires. Cette

division, une fois adoptée, il est bien évident
qu'il faudra pourvoir d'une manière quelconque
à l'acquittement des dépenses extraordinaires.
Je soutiens qu'une augmentation proportion-
nelle sur les impôts, est le meilleur mode ;
et voici sur quoi je me fonde.

L'augmentation qu'on établira aura un motif
connu de tous les citoyens ; si ce motif est légitime, chacun s'empressera d'accourir au secours
de la patrie. (On ne perd pas de vue, que nous
sommes dans une république, et que je raisonne
conséquemment à cet état). On connaît le point
d'où l'on est parti : si la cause cesse, l'effet
devra cesser ; et le peuple éclairé sur sa position sera aussi fondé à demander la diminution de l'impôt, que le gouvernement sera
empressé d'y accéder, puisque l'excédant de
l'impôt lui sera devenu inutile. L'administration des finances, dans cette supposition,
reposera sur un système net, et aura une
marche invariable.

Mais, dit-on, il est dans l'essence de tout
gouvernement d'accroître l'impôt, et de ne jamais en alléger le peuple. On voudra bien
me permettre de ne pas répondre à cette objection, car elle est injurieuse à notre gouvernement ; et s'il devait encore en être ainsi, je

verrais l'expérience des derniers siècles perdue, et une révolution inutile.

On propose de mettre à la place de mon système, qui n'est au surplus que celui des Sully et des Colbert, le crédit, qui est le système des Neker, et autres banquiers. Des écrivains s'efforcent, depuis quelque temps, de réveiller ce crédit; ils en peignent les effets en beau ; ils font voir le trésor de l'état toujours plein , les dépenses s'acquittant facilement, etc.; que n'ont-ils opposé à ce tableau flatteur qui cache l'abîme, 1,600,000,000 fr. dévorés en dix ans (1); le trésor public grevé de 200,000,000 fr. de charges nouvelles; la monarchie succombant sous cette dette; enfin la république elle-même écrasée sous son poids, manquer forcément à des engagemens renouvelés avec une solemnité qui devait en garantir la durée ?

Voyons cependant ce qu'est le crédit de l'état dans l'état , et quels sont ses moyens , son but et sa fin.

_____

(1) Il a été emprunté depuis la fin de 1776, jusqu'à la fin de 1786, 1,647,200,000 fr. Nekre a beaucoup écrit et s'est donné beaucoup de peine pour prouver jusqu'à l'évidence cette funeste vérité.

On ne peut définir le crédit que de cette manière : « Confiance qu'inspire une solvabilité » reconnue, et la réputation de bien payer ; » confiance qui fait qu'on trouve aisément à » emprunter ».

Si on pouvait isoler les deux parties de cette définition, l'une de l'autre, c'est-à-dire, si le crédit d'un état devait se borner à obtenir la *confiance qu'inspire une solvabilité reconnue, et la réputation de bien payer*, je concevrais que ce crédit pourrait être utile, parce qu'alors le recouvrement des impôts et le paiement des dépenses se feraient avec plus de facilité. Le crédit n'est, en ce sens, que la confiance, et cette confiance, j'en conviens, doit exister entre les gouvernés et les gouvernans. Mais si l'on ajoute à cette confiance, *la faculté d'emprunter aisément*, ce qui constitue le crédit, elle ne convient plus à un état.

Le crédit peut être utile à des particuliers, parce qu'empruntant à un taux modéré pour prêter à un taux plus élevé, ou empruntant pour faire des spéculations, ils peuvent arriver par ce crédit, ou si l'on aime mieux, avec l'argent des autres, à la fortune. Un gouvernement, au contraire, n'empruntant jamais que pour couvrir des *déficit*, ou pour faire face à des dépenses urgentes, absorbe l'argent emprunté aussitôt qu'il le reçoit, et reste grevé de la somme qui est l'objet de l'emprunt et de son intérêt annuel.

Le crédit d'un état ne peut s'exercer que de deux manières : ou par des anticipations ou par des emprunts. Le résultat de l'une et de l'autre opérations produit un déficit.

L'on fait une anticipation sur les revenus de l'état, lorsqu'on fait des délégations sur le produit de l'impôt de l'année prochaine, pour toucher sur-le-champ le montant de ces délégations. De cette manière, si l'on fait une anticipation de 100,000,000 fr., il faut ajouter au capital l'intérêt de l'année, qu'on ne peut fixer, en temps ordinaire, au-dessous de cinq millions. Il existera donc l'année suivante, un déficit de cent cinq millions; pour le remplir il faudra avoir recours à de nouvelles anticipations. Qu'on suive cette méthode pendant dix années seulement, et l'augmentation progressive des intérêts élevera le déficit à une somme effrayante.

Les anticipations de chaque année, dira-t-on, s'éteindront l'année suivante, par le paiement des rescriptions. Veut-on que cela soit ainsi ? Mais on aura sur les revenus fixes de cette année, un déficit qui sera égal à la masse des rescriptions acquittées. Il n'y a que trois moyens de remplir ce déficit : faire de nouvelles anticipations, mais c'est retomber dans l'abus dont je viens de parler ; établir un excédant sur les impôts, c'est le système dont on ne veut pas ; créer des emprunts, c'est le système qu'on veut faire adopter. Discutons-le ; c'est la seconde manière dont un état puisse exercer son crédit.

Je suppose, que pour couvrir un déficit qui aura pour cause une dépense extraordinaire, faite, ou pour faire face à une dépense de cette nature à faire, car dans l'ordre fixe, il ne doit y avoir ni déficit, ni dépense extraordinaire ; je suppose, dis-je, qu'on ait besoin de cent millions ; on ouvrira un emprunt. Dès ce jour, si l'impôt est constitué à perpétuité, on aura créé une dette inextinguible de sept à huit millions, et cette dette, devant par cette raison, faire partie des dépenses fixes, on aura rompu l'équilibre entre celles-ci et les revenus fixes. Si on emprunte pour rendre à des époques déterminées, on grevera seulement le trésor d'un intérêt annuel de cinq millions ; mais aux échéances, il faudra de nouveau emprunter pour éteindre la dette, et l'on ne sera pas sorti de la crise.

Le crédit pris dans sa véritable acception,

n'est donc pas un système ; j'ajouterai même, en me servant des expressions d'un bon écrivain dans cette matière (1), que « l'art d'emprunter » (qui est l'application du crédit (2)) n'est » pas un de ces talens rares que dieu dispense » à peu d'hommes privilégiés, comme on l'a » dit tant de fois » et comme on le répète aujourd'hui.

Après avoir examiné ce qu'est le crédit d'un état en général, je dois rechercher ce qu'est ce même crédit dans ses rapports avec les différens gouvernemens.

Le crédit deviendra bientôt nécessaire dans un état monarchique, parce que les impôts étant la propriété du souverain, il les prodigue à sa volonté. Ces prodigalités augmentant à raison de ses goûts et de ses passions, il faut avoir recours à des moyens particuliers pour se procurer de l'argent. Toujours imposer, et imposer outre mesure, ce serait porter le peuple à la révolte ; on emprunte. Mais c'est la boule de neige qui grossit en roulant (5), et ce mode conduit, à pas de géant, un état à sa ruine.

(1) Baudeau.

(2) Note de l'auteur.

(3) L'ex-ministre Calonne rend cette idée de cette

Prenons la France pour exemple : nous verrons, après deux siècles de guerres civiles et
religieuses, ses finance dans un abandon dé-
sespéré et le trésor totalement épuisé. Un ministre honnête homme et administrateur par
instinct (1), rétablit l'ordre et l'abondance par
un moyen bien simple ; il fut économe et il
balança les dépenses avec les recettes. Sans
doute, pendant son administration, le gouvernement devait jouir d'une grande confiance ;
ce ministre se garda bien de la convertir en
crédit, c'est-à-dire, d'emprunter.

Quelques temps après, un roi à qui
tous les genres de grandeur et d'ostentation
étaient nécessaires, un roi qui soutenait des
guerres continuelles, qui élevait des palais,
des monumens, des places fortes, gouverna
la France. Il fallait fournir à toutes ces dé-

---

manière : « Tout se tient, tout est d'accord dans cette
» progression (la progression des déficit et des em-
» prunts) ; et si on rapproche la suite chronologique
» des emprunts dont la ligne est naturellement pa-
» rallèle à celle du déficit, on voit la liaison des
» causes avec les effets ».

(1) Sully.

penses. Un ministre d'un génie supérieur (1)
dirige les finances ; ce ministre combine et
applique un excellent système d'impôts et n'emprunte pas. Cependant l'agriculture , le commerce et l'industrie sont portés à un haut degré
de prospérité et de splendeur. L'administration
n'eût peut-être pas changé de face dans la suite, si
ce ministre, entraîné au-delà de toutes bornes par
des dépenses par trop excessives, et cédant après
une longue résistance à des volontés puissantes,
n'eût consenti à établir quelques emprunts,
en créant des rentes sur la ville de Paris.
Depuis lors, jusqu'en 1776, on a continué d'emprunter, mais avec quelque circonspection et
quelque mesure.

A cette époque, on préparait la guerre contre
l'Angleterre ; on était effrayé des dépenses
qu'elle entraînerait ; on craignait de manquer
d'argent, on hésitait. Un banquier qui voulait
être ministre, parle de relever le crédit, promet , à l'aide de ce talisman , tout l'argent
dont on aura besoin ; c'était ce qu'on voulait.
Les doutes furent levés, la guerre fut déclarée,
et le banquier fut fait ministre. Il tint parole ,

---

(1) Colbert.

il emprunta ; ses successeurs empruntèrent aussi : de-là des dépenses folles, des charges excessives, un déficit toujours croissant et un cahos inextricable; tous ces maux réunis détruisirent le gouvernement. Voilà le crédit et ses funestes effets.

L'opinion que j'émets peut paraître en opposition avec celles d'écrivains pour lesquels j'ai le plus grand respect : on peut me dire que ces écrivains, et notamment Condorcet, ont fait sentir la nécessité d'élever et d'étendre le crédit du gouvernement. Mais ces publicistes raisonnaient dans l'hypothèse où le gouvernement était grevé d'une dette publique énorme. Le mal était fait; il fallait, s'il était possible, éteindre cette dette, et jusques-là en payer avec exactitude les intérêts. A quoi eût-il servi de découvrir l'abîme ? ces écrivains auraient rapproché l'époque de l'anéantissement de la fortune publique et de celle des particuliers. Rendons-leur grâce d'avoir prêché une doctrine utile alors, et d'avoir caché des vérités dangereuses. Mais ce qu'ils devaient taire, je dois le dire aujourd'hui, que la crise est en grande partie opérée, et que la dette est presqu'éteinte, afin qu'elle ne s'accroisse plus par l'effet de nouveaux emprunts.

Pour connaître parfaitement l'opinion de
Condorcet, il ne sera pas inutile de rapporter
ses propres expressions : « Dans une nation,
» dit-il, où il y a une dette publique, le crédit
» du gouvernement a nécessairement une
» grande influence sur le crédit général. Sans
» le crédit du gouvernement, celui de tous
» les hommes qui traitent avec le gouverne-
» ment est précaire, et celui de presque tous
» les autres devient suspect. Enfin toutes les
» opérations d'un gouvernement sans crédit
» deviennent ruineuses et incertaines » *dans
une nation où il y a une dette publique*, dit
Condorcet. La suite de son raisonnement n'est
plus que le développement ou la conséquence
de cette assertion; et je ne doute pas que si
ce grand homme eût écrit sous un gouvernement qui n'aurait pas eu UNE DETTE, il se fût
bien gardé de lui conseiller le crédit.

Je vais examiner maintenant ce que peut être
ce crédit dans les gouvernemens républicains.
Les revenus de l'état n'y appartiennent plus aux
gouvernans ; ils leur sont confiés pour en disposer d'après des lois existantes. Leur volonté
ne peut ni augmenter ces revenus, ni diminuer
les charges publiques; ce sont là les attributions
de l'autorité législative. A quoi donc servirait-il

aux gouvernans d'établir un crédit, à l'aide
duquel ils doubleraient les revenus de l'état par
des anticipations ou des emprunts? Comment
d'ailleurs le pouvoir législatif, s'il croyait
devoir se prêter à ce systême, pourrait-il espérer assujettir les générations futures à acquitter des charges qui proviendraient des dépenses faites pour les générations passées?

Ces vérités s'appliquent naturellement à
notre gouvernement, où le corps législatif détermine toutes les années la masse des impôts,
à raison de celle des dépenses, et où toute la
sollicitude du directoire doit se réduire à faire
rentrer la totalité de l'impôt et à faire acquitter
la totalité des dépenses.

Mais, dira-t-on : si les impôts ne s'élèvent
pas à la somme à laquelle ils sont portés dans
le *budjet*, si les dépenses excèdent la masse
pour laquelle elles y sont comprises, quel parti
prendra-t-on? Ou le déficit sur les impôts proviendra d'un vice d'administration, et ce sera
au directoire à le corriger; ou il proviendra
d'un vice dans la nature de l'impôt, et le corps
législatif y remédiera : ou l'excédant des dépenses proviendra encore d'un vice d'administration, et le directoire y portera une salutaire
réforme; ou les dépenses seront justes, et le

corps législatif élevera l'impôt à leur taux. De cette manière, la balance existera toujours entre les recettes et les dépenses.

Je finis par l'influence du crédit du gouvernement sur le crédit public.

Il est bien évident que lorsqu'un gouvernement aura à payer, indépendamment des dépenses publiques, deux ou trois cents millions de rentes et d'intérêts, il est bien évident, dis-je, que son crédit personnel influera d'une manière sensible sur le crédit public, ou plutôt qu'il ne pourra exister de crédit public, qu'autant que celui du gouvernement le soutiendra. Mais pourquoi le crédit du gouvernement sera-t-il devenu nécessaire? Parce que le gouvernement aura attiré à lui, par des emprunts, une forte portion de la fortune publique; ce que j'ai prouvé très-dangereux. On reconnaît de suite que le crédit du gouvernement ne peut pas exister par soi-même, et qu'il n'est qu'un effet dont il faut rechercher la cause. Cette cause ne peut être que dans un excellent système d'administration, dans des recouvremens bien assurés et dans un ordre de paiemens exact, d'où naîtra la confiance. Un gouvernement sage s'arrêtera à cette confiance et rejettera le crédit.

Je viens de m'élever avec force contre ce système, parce que je prévois, parce que je suis convaincu que l'époque de son rétablissement serait celle d'une prochaine révolution. Je sais bien que je soutiens une cause difficile et ingrate; car tout ce qui brille et flatte, séduit en France, lorsque ce qui n'est qu'utile et froid, est souvent rejeté : mais je devais ces vérités à mon pays; c'est ma conscience que j'acquitte.

ARTICLE II.

Application du second principe.

Les législateurs pourront imposer sans inconvénient, la propriété, le revenu, l'industrie, le commerce, les actes civils, les objets de luxe, les consommations même, pourvu cependant qu'ils conservent un tel équilibre dans l'assiette de l'imposition, qu'elle ne grève pas quelques-uns des objets sur lesquels elle frappe, plus particulièrement que les autres; parce que, dans l'administration d'un grand peuple également industrieux, agricole et commerçant, tout se lie; la balance dans les charges doit rester indécise. Alors la contrainte ne se trouvera nulle part, et les sources de la prospérité publique ne seront point engorgées.

Les législateurs rejetteront cependant tout impôt qui, pour son exploitation, nécessiterait l'existence d'objets matériels, dont la vue en rappellerait sans cesse l'idée; ils proscriront celui dont la perception menacerait la liberté individuelle.

OBJECTION.

Puisque vous parlez d'impôts sur les consommations, vous voulez donc rétablir les aides et les gabelles?

RÉPONSE.

Je distingue entre l'impôt connu sous le nom de droits *d'aides*, et celui connu sous le nom *des gabelles*.

Je ne pense pas qu'on doive rétablir le premier, parce que, ne pouvant se percevoir qu'à l'entrée des villes, il nécessiterait des barrières, des employés, des fouilles; et consciencieusement, je ne crois pas qu'on pût obtenir d'un français une soumission respectueuse à cette cérémonie humiliante : si l'on ne fouille pas, la contrebande, quoiqu'on en dise, emportera le produit de l'impôt; et il ne serait

ni juste ni moral de faire d'un impôt la propriété de quelques malheureux et d'un essaim
de fainéans qui tous deviendraient des mal-
faiteurs (1).

Il en est tout autrement de l'impôt sur le sel.
Cet impôt peut être levé de deux manières : ou
en exigeant un droit à l'extraction, ou en faisant
vendre le sel exclusivement pour le compte du
gouvernement (2). Dans l'un et l'autre cas , il
ne peut y avoir lieu à contrebande, dans l'intérieur. Dès-lors, il sera inutile d'employer des
visites, des fouilles, des gardiens, etc.; il ne s'agira
que de fermer hermétiquement les salines : il
faudrait d'ailleurs établir un prix uniforme

---

(1) Depuis que ce chapitre est fait , on a créé
l'impôt d'octroi de bienfaisance ; mon opinion ne
pouvait pas changer, et je laisse ce qui est écrit.

(2) On consomme en France 400,000,000 de
livres de sel : en le faisant vendre pour le compte du
gouvernement, à raison de 20 centimes par livre, cette
vente donnerait un produit brut de 80,000,000 fr. ;
en déduisant ensuite pour les frais d'achats, de transports et pour les dépenses de régie 16,000,000 fr.
le produit net serait de 64,000,000 fr. Il serait
difficile d'établir un impôt moins onéreux et qui pût
donner des résultats aussi satisfaisans.

pour toute la république. Qu'aurait de commun un pareil impôt, avec les anciennes gabelles? Rien, sans doute : cessons donc de nous faire la guerre avec les mots ; étudions la nature des choses, et sur-tout éclairons le peuple et formons l'opinion publique.

ARTICLE III.

Application du troisième principe.

Les législateurs détermineront la quotité des dépenses, et assigneront au paiement de chacune d'elles, une branche d'impôts ou des revenus publics.

Le ministre des finances distinguera le produit brut des impôts, de leur produit net. Il travaillera à diminuer ce qui constitue la différence de l'un à l'autre, qu'on peut appeler, et qui est vraiment, la tare des impôts.

Enfin, le ministre des finances activera la rentrée des impôts, et en régularisera les versemens de manière que tous les services soient assurés et que chaque ordonnateur ait à sa disposition, à des époques réglées et périodiques, les fonds affectés exclusivement aux dépenses de son département.

OBJECTION.

Appliquer à chaque nature de dépense, une branche de l'impôt ou des revenus publics, c'est un système qui, dans la théorie, peut paraître parfait, lorsque mis en action, il serait inexécutable. Il faudrait en effet, connaître au juste le produit de l'impôt et la quotité des dépenses, ce qui serait déjà très-difficile; il faudrait en outre, assurer tellement le recouvrement des impôts, qu'il n'éprouvât jamais de retard, et régulariser tellement les dépenses, qu'elles n'essuyâssent aucune variation, ce qu'on ne peut pas raisonnablement se promettre.

RÉPONSE.

Plus le système que je propose présenterait des difficultés, plus il faudrait y tenir; car il n'y aurait pas une de ces difficultés qui, vaincue, ne menât à l'établissement de l'ordre et à la bonification des finances; mais peut-on appeler difficultés, l'application des règles élémentaires de l'administration publique?

En effet, chercher à connaître le produit de l'impôt et la quotité des dépenses, n'est-ce pas remplir les deux préliminaires indispensables dans l'administration?

Assurer le recouvrement des impôts, n'est-ce pas le moyen le plus efficace de faire naître la confiance, en se mettant à même d'acquitter régulièrement toutes les dépenses?

Il serait possible cependant que la rentrée de quelques portions de l'impôt fut en souffrance ; mais ou le retard proviendra d'un vice dans la nature et la perception de l'impôt, et il se convertira bientôt en arriéré, ce qu'il faut précisément éviter ; ou il ne proviendra que des facilités que le gouvernement voudra bien accorder aux contribuables; alors les rentrées, et par conséquent les paiemens, n'en seraient pas moins assurés, ce qui rentre dans mon système.

Enfin, défendre les dépenses publiques de toute variation, n'est-ce pas la première et la mieux entendue de toutes les économies? car je suppose que par variation, on a voulu seulement parler d'augmentation, et c'est encore là ce qu'il faut empêcher. S'il est question de dépenses extraordinaires, on aura recours, je le répète, à des revenus extraordinaires; l'ordre fixe restera intact.

Ces idées ne sont pas neuves : jadis elles étaient suivies en partie ; il y avait une bonne raison que je vais faire connaître, pour qu'elles ne le fussent pas entièrement, raison qui n'existe plus.

Effectivement j'ouvre le compte rendu des finances pour l'année 1788, je dis celui-ci, parce que je l'ai sous les yeux, qu'y vois-je ? que les revenus de cette année ont produit quatre cents soixante-douze millions et quelques centaines de mille livres, et qu'il n'est entré dans le trésor de l'état que deux cents onze millions. Je cherche où ont passé les deux cents cinquante-huit millions qui n'y ont pas été versés : je trouve que cette somme a été employée à acquitter dans les provinces une portion des dépenses publiques, *assignée spécialement sur quelques impôts*, dépenses qu'on peut appeler proprement civiles, puisqu'elles embrassaient la dette publique, les frais de justice, d'administration, etc. Je continue mes recherches, et je vois que les deux cents onze millions versés au trésor devaient faire face aux dépenses de la guerre, de la marine, des affaires étrangères et de la liste civile, dépenses qui étaient plus particulièrement celles du gouvernement.

Que conclure de-là ? que quoique ce système fût vicieux sous un rapport, il valait mieux que celui d'aujourd'hui, parce qu'au moins, les dépenses qui tenaient essentiellement au peuple, étaient régulièrement acquittées, puisque les fonds même qui devaient y faire face, étaient prélevés sur la masse totale des revenus de l'état, et n'entraient jamais au trésor public. Pourquoi, dans ces temps, n'avait-on pas généralisé le système des masses? La raison en est évidente : si l'on eût affecté chaque branche d'impôt à chaque nature de dépense, il n'y aurait pas eu des fonds libres, et les ministres, les courtisans de l'ancienne cour n'auraient pas pu se partager chaque année, une centaine de millions; ou du moins cela se fut fait si visiblement, que l'indignation du peuple eût été portée plus rapidement à son comble.

Quel parti doit-on prendre aujourd'hui? Le terme moyen de l'ancien gouvernement ne convient point à celui qui présentement n'a pas la législation administrative. Il faut affecter chaque branche de l'impôt à chaque nature de dépense; il faut faire payer, par les caisses de départemens et dans les départemens, toutes les dépenses qui peuvent et doivent l'être; enfin il faut ne faire verser dans les caisses de la trésorerie que les sommes suffisantes aux dépenses qui doivent être indispensablement acquittées à Paris.

Mais, diront les antagonistes de cette opinion, que je crois poussés à bout : nous convenons que cet ordre peut être établi à la paix, convenez de votre côté qu'il ne peut pas l'être pendant la guerre. Ils ne font pas attention, mes adversaires, qu'en se servant du mot *ordre*, ils détruisent leur objection ; car l'ordre est de tous les temps, bien ordonnés cependant, et de tous les gouvernemens, en supposant qu'ils veuillent se soutenir : et ce n'est que l'ordre que je demande ; ce n'est que l'ordre que je voudrais voir renaître.

ARTICLE IV.

Application du quatrième principe.

La trésorerie aura la garde du trésor public ; elle fera acquitter toutes les dépenses sur les fonds qui leur seront affectés et sur les ordonnances valables que délivreront les fonctionnaires qui en ont le droit.

Elle rendra le compte des deniers publics par entrée et sortie.

On a discuté long-temps ce qu'on devait entendre par l'indépendance de la trésorerie ; jusqu'à présent on n'est d'accord que sur ce seul point : qu'elle doit être indépendante. Le principe est reconnu ; mais pour avoir négligé de définir cette indépendance, elle ne présente qu'une idée abstraite. Dans l'application cette indépendance n'existe pas, puisque d'une part, la trésorerie est surveillée par une commission du corps législatif, et que de l'autre, pour la disposition des fonds, pour les négociations, pour toutes les opérations financières enfin, elle est influencée par le ministre des finances.

Qu'on consacre en principe la définition que j'ai faite ; qu'on en fasse une loi : dès - lors la trésorerie sera vraiment indépendante, puisque nulle autorité ne pourra la contraindre à employer à telle nature de dépense, des fonds qui n'y seraient pas affectés, et à acquitter des dépenses qui ne seraient pas appuyées sur des pièces légales. Cette indépendance ne sera que ce qu'elle doit être, passive. Tout ce qui est en action dans l'administration, c'est-à-dire, la création de l'impôt, la faculté de régler les dépenses et d'y affecter les fonds, le recouvrement des deniers publics et l'ordonnance des dépenses ne cesseront pas d'appartenir au corps législatif, au directoire et aux grands ordonnateurs de la république, chacun pour la partie qui le concerne.

Je ne prévois aucune objection sérieuse
contre ce système, sur-tout après avoir prouvé
l'avantage d'affecter à chaque dépense une portion de l'impôt.

ARTICLE V.

Application du cinquième principe.

Chaque ordonnateur rendra le compte des
fonds mis à sa disposition et des dépenses
qu'il aura fait acquitter.

Les comptes seront divisés par masses et par
nature de dépenses.

Le ministre des finances ne devant avoir,
à quelques exceptions près, ni le maniement
des deniers, ni le droit d'ordonnancer, puisqu'il n'est, dans le système actuel, qu'un
homme d'ordre; le ministre des finances, dis-
je, rendra un compte qui aura seulement pour
objet de faire connaître le montant des recouvremens effectués sur les impôts, la quotité des frais de perception et celle des sommes
payées sur les crédits ouverts aux différens
ministres et autres ordonnateurs. Ce compte
sera, si je peux m'exprimer ainsi, le tableau
spéculatif des finances; lorsque les comptes de

la trésorerie et des ministres seront vraiment les comptes réels et matériels du produit de l'impôt et des dépenses de l'état.

ARTICLE VI.

Application du sixième principe.

La comptabilité nationale sera chargée de recevoir et d'apurer tous les comptes.

J'ai exposé de quelle manière ces comptes devaient lui être remis, comment l'apurement devait en être fait et en être rendu public, et quelle étendue de pouvoir on devait accorder à cette autorité ; j'y renvois mes lecteurs.

S'il est une autorité cependant qui doive être indépendante, c'est celle-ci : son indépendance, au reste, n'a pas besoin d'être définie ; car elle doit se comprendre dans toute l'acception du mot, c'est-à-dire, qu'elle ne doit finir que là où commencerait l'action de la justice, en cas de prévarications ; parce que l'indépendance ne doit s'étendre en aucun cas, jusqu'à la possibilité de faire le mal impunément.

PUBLICISTES, LÉGISLATEURS, qui avez médité

le bonheur et la liberté des hommes, vous
les eûssiez peut-être amenés sans secousses et
fixés à jamais au milieu d'eux, si, au lieu de
vous jeter dans des idées abstraites et méta-
physiques, vous eûssiez fait un bon chapitre
sur les finances ! Bon ou mauvais, je viens
d'en esquisser un. La matière est encore au-
dessus de mes forces, j'y reviendrai peut-être
un jour ; mais que de travaux, que de recherches, que de méditations ne devront pas
précéder cette époque !

_____

CHAPITRE III.

De l'administration militaire considérée dans ses rapports avec le gouvernement et l'ordre judiciaire, ou de l'influence du gouvernement et de l'action de la justice dans les armées.

L'INFLUENCE du gouvernement dans les armées est telle, que l'administration la mieux combinée ne serait qu'un rêve ingénieux, si ses rapports avec les pouvoirs qui émanent du gouvernement ne sont sagement réglés ; il faut donc agrandir mon sujet et le lier à la politique.

Le chef suprême de l'armée est le gouvernement.

Le levier politique qui dirige l'armée se compose de trois pouvoirs : le pouvoir militaire, le pouvoir judiciaire et le pouvoir administratif.

Dans les gouvernemens dont le despotisme est le caractère dominant, celui qui commande l'armée peut réunir sur sa tête la même nature de pouvoirs, sans que les intérêts des gouvernans puissent être compromis, parce que l'existence de ce chef, sa conservation dans le commandement dépendant de leur volonté, il est difficile qu'il prenne une consistance qui puisse leur porter ombrage ; s'il la prend, il sera ou impolitique, ou trop ambitieux. Il perdra sa puissance et son crédit, aussitôt que la main dont ils émanent, lui aura retiré son appui.

Mais si ces gouvernemens n'ont pas, par rapport à eux, un intérêt direct à diviser le pouvoir qu'ils peuvent confier à un chef, ils en ont un évident par rapport à l'armée, aux pays de leur domination qu'elle occupe, et à ceux qu'elle peut envahir par conquête. Le gouvernement le plus absolu même doit toujours, s'il est prudent, ménager le soldat et le peuple. Or, le bien-être du soldat et la prospérité du peuple ne peuvent résulter que d'une bonne admininistration ; et on ne la conçoit pas sans la division des pouvoirs (1).

(1) Telle est l'influence d'un bon gouvernement par-tout, que souvent on a vu le peuple vainqueur adopter celui du vaincu, ainsi que ses lois et ses coutumes.

Aussi les despotes, quels qu'ils soient, s'ils ont su gouverner, ont-ils eu la précaution de ne confier que partiellement l'autorité qui émanait d'eux ; mais ce que les gouvernemens tyranniques font par intérêt et par machiavélisme, les gouvernemens populaires doivent le faire par vertu et par respect pour les peuples.

Ce sont ces vérités qui ont apporté plus ou moins de modification à l'étendue des attributions du généralat chez les différens peuples. Dans la monarchie française, les trois pouvoirs étaient divisés ; on avait conservé aux intendans d'armées le pouvoir administratif (1), et aux grands prévôts, le pouvoir judiciaire. Il ne faut pas tirer de-là la conséquence que les généraux en chef n'eûssent aucune influence sur les uns et les autres ; mais elle s'arrêtait aux bornes placées par l'autorité pre-

---

(1) L'intendant est choisi pour suivre l'armée ; il est chargé de la finance pour les troupes, et de pourvoir à ce que leurs subsistances ne manquent jamais. L'intendant choisit les commissaires des guerres pour être employés aux détails particuliers ; il a soin du recouvrement des contributions et nomme un receveur pour ce recouvrement. C'est lui qui est particulièrement chargé de faire les con-

mière qui s'était réservé le droit exclusif de décider seule dans les conflits de pouvoir.

Dans un gouvernement démocratique la division des pouvoirs en étant l'essence, cette division doit se retrouver par-tout, avec les modifications néanmoins que comporte l'intérêt public : ainsi trop de division dans les ressorts d'une armée en affaiblirait l'action ; comme une réunion absolue lui donnerait un caractère de compression aussi dangereux qu'effrayant. Loin donc de chercher à diminuer l'autorité militaire par des coups portés inconsidérément, il faut travailler à l'affermir ; mais il faut la défendre d'elle-même, en lui opposant une seule limite qui soit la garantie de tous.

Cette garantie ne peut être que dans l'action de la justice ; l'action de la justice ne peut

---

ventions avec les députés des pays ennemis, où les contributions ont été établies. Ainsi, un général peut bien pénétrer aussi avant qu'il le veut dans un pays ennemi, pour forcer les peuples à se soumettre à la contribution ; mais il ne peut fixer ces contributions, ni les recevoir, ni en faire aucune destination ; cette attribution est entièrement réservée à l'intendant. *Ecole de Mars*, *par Guignard.*

être impartiale qu'autant qu'elle est indépendante. Il faut conclure de là que dans tout
système militaire où le pouvoir judiciaire appartient à tel ou tel corps, l'armée porte en
soi un principe de désorganisation. Ce sera
pis encore, si le corps chargé de la distribution de la justice est le plus influent par la
force.

Appliquons ces vérités à l'administration ;
mais auparavant définissons la nature des pouvoirs de celui qui en est le chef, et quelle doit
être son indépendance.

Le chef de l'administration militaire ne peut
être qu'un commissaire-ordonnateur. Il serait
à desirer qu'on pût lui donner un caractère
plus élevé, en le créant commissaire du gouvernement ; alors il deviendrait indépendant
du ministre de la guerre, ce qui ne doit pas
être. Il restera donc sous la surveillance de
ce ministre ; mais il sera investi de la plénitude
de ses pouvoirs administratifs ; il le repré-
sentera sous ce rapport dans l'armée, et tout
lui sera soumis dans l'administration, comme
tout l'est au général dans la partie militaire.

Mais cette étendue de pouvoirs serait illusoire, si l'ordonnateur en chef n'a pas une
garantie de leur libre exercice : or, il la perdra

cette garantie toutes les fois qu'il sera soumis
à une jurisdiction, qui lui donnera pour juges
des hommes qui auront des intérêts à discuter
avec lui ; car ces hommes seront ses ennemis,
ou doivent être présumés tels. Les vices de cette
institution, suivant toutes les ramifications de
l'administration, en dissoudront toutes les parties, isoleront tous les agens secondaires de
leur chef et les soumettront par la terreur à
ceux qui, hors les rapports de service, devraient leur être étrangers; enfin, ils détruiront
l'ordre et la responsabilité par les moyens
même qu'on aura voulu employer pour les maintenir. Dans ce désordre extrême les passions
joueront le plus grand rôle : l'homme intéressé à avoir menacera ; l'homme intéressé à
sa sûreté fléchira ; tous les liens moraux seront
rompus ; seulement quelques victimes sacrifiées
aux apparences et à l'opinion publique, attes-
teront d'une manière légalement injuste et san-
glante, que la justice existe encore.

Jadis, dans les armées (1), la justice était

---

(1) Il y avait en outre des conseils de guerre ;
mais ces conseils de guerre ne connaissaient que
des délits purement militaires, et leur jurisdiction
n'embrassait que les militaires.

rendue par un grand-prévôt assisté de deux
assesseurs et d'un rapporteur. Cette justice
était prompte, ardente, tyrannique ; mais ces
hommes n'étaient pas juges et parties, car la
majorité était étrangère à l'armée (1). C'était
au moins une raison de croire que l'influence
de cette majorité pouvait maintenir l'impar-
tialité dans les décisions de cette justice pré-
vôtale (2).

De nos jours, on a confié la justice militaire aux commissaires des guerres (3). Ah !
certes, c'était bien donner à l'administration
toute l'indépendance possible ; mais c'était in-
vestir les commissaires des guerres d'un pouvoir qui, dans leurs mains, devait tellement
mollir, que le nerf de la discipline devait
être totalement détendu : d'ailleurs, c'était les
affranchir eux-mêmes de l'action de la justice,

---

(1) Le grand prévôt seul y tenait par son grade.

(2) Cette jurisdiction ne s'étendait que sur les
militaires, les vivandiers et les marchands à la suite
de l'armée.

(3) Loi du 14 octobre 1791 , portant création des
cours martiales.

et exposer l'administration à tous les résultats
de l'impunité.

Postérieurement on a créé des tribunaux
militaires (1) ; mais on en avait paralysé la
marche et l'action, en modelant leur organisation sur les formes civiles. Hé ! que pouvait-on espérer au milieu d'une armée, d'une
institution qui suffit à peine pour réprimer dans
la société les délits qui la troublent !

Peut-être serait-ce le cas de tracer d'une
plume sévère, les vices de l'ordre judiciaire
actuel ; mais que dirai-je, dont les législateurs, les magistrats, les citoyens, l'armée
même, ne soient convaincus. Nous ne péchons
plus par ignorance ; pourquoi donc attendre
du temps qui, dans sa marche, donne la
mesure du bien et comble celle du mal, le
redressement des institutions vicieuses? Qu'il
me soit permis de le devancer et de présenter
quelques idées que je crois saines et rapprochées
de la vraie liberté ?

Qu'on rende l'auguste fonction d'administrer
la justice à des citoyens étrangers à l'armée,

---

(1) Lois des 12 mai 1793 et 3 pluviôse an 2,
sur l'organisation de la justice militaire.

et qui soient dans la dépendance du gouvernement. Qu'on divise la poursuite du délit,
du jugement. Que celle-ci soit confiée particulièrement à un fonctionnaire que l'on iden-
tifiera avec le militaire, en l'attachant à chaque
corps ; que l'autre soit dirigé par un grand
juge, et que tous deux, ce qui embrasse
la marche de la justice dès son principe jusqu'à
sa fin, soient surveillés par un commissaire
du directoire; mais sur-tout que la police des
corps et leur discipline soient laissées exclusivement aux chefs qui les commandent, et
que le délit seul soit de l'attribution de cette
nouvelle magistrature.

Les divisions militaires présentent un cadre
auquel s'adapte naturellement une cour martiale : pour l'empreindre de toutes les formes
militaires, on lui donnera pour partie intégrante, le commissaire – ordonnateur et le
commandant de la place, ou du camp où elle
siégera. Il serait peut-être trop long d'organiser
un juri pour prononcer sur le sort des accusés ;
il serait cependant dangereux de l'abandonner
au cours d'une justice qui pourrait être trop
prompte. Pour en tempérer l'action, on donnera à chaque cour martiale, pour complément,
des juges pris dans la classe et le grade des

accusés; ce sera une garantie, qui imprimera
à cette justice un caractère rassurant, qui la
rendra terrible lorsqu'elle frappera.

Qu'on ne craigne pas ensuite d'étendre la
jurisdiction de ces cours martiales sur tout ce
qui compose l'armée; car, elles seront par la
nature de leur organisation, nécessairement
impartiales pour tous! Veut-on cependant donner aux deux chefs principaux de l'armée,
(le général et l'ordonnateur en chef) un caractère plus auguste ? On les mettra hors de cette
jurisdiction; investis de la confiance et des
pouvoirs du gouvernement, ils doivent être
dans une entière indépendance et n'appartenir
qu'à lui. Veut-on encore pousser plus loin
ce juste équilibre de pouvoirs, et étendre la
considération personnelle dont on doit entourer les citoyens investis des principaux
emplois ? On soumettra l'arrestation des généraux de division et de brigade en activité de
service, à des formes particulières qui leur
présentent une garantie. Alors ils respecteront
une autorité qui, si elle pouvait fondre sur
eux avec la précipitation de la foudre, leur
donnerait de l'inquiétude; et le pouvoir inquiet
est bientôt menaçant et terrible. Enfin on
donnera aux juges militaires une grande in-

fluence, et puisque le manteau de **Phocion**
serait trop simple dans nos usages, on les
mettra au-dessus de toutes les suggestions, en
les mettant au-dessus de tous les besoins.

Mais ce ne serait pas assez; il faut associer
à ces vues politiques des idées de législation.
Le code militaire sera refait en entier, et la
peine y sera graduée dans les proportions des
délits. Qu'on ne craigne pas d'être trop sévère,
lorsqu'on aura à punir de grands crimes;
c'est ici sur-tout que l'indulgence serait funeste! Il faut frapper rarement; mais lorsque
le coup tombe, il doit porter la terreur dans
l'ame des méchans; elle produit par opposition,
la sécurité des bons.

Qu'on se garde bien de laisser aux juges le
droit de diminuer la durée des peines! Ils sont
hommes, et une indulgence qui sous ce dernier
rapport fait leur éloge, ferait souvent leur
censure sous l'autre. Cette faculté de diminuer
la durée d'une peine produit ce double effet
également injuste : 1°. de flétrir du supplice
des fers un coupable qu'une détention cor-
rectionnelle eut quelquefois suffisamment puni,
car l'application de l'autre peine pour un ou
deux ans, peut ne pas paraître trop rigoureuse;
2°. de punir de la même manière le criminel

bien caractérisé; dans ce cas ce n'est pas le juge qui a tort, mais la loi. Et celui-là doit avoir l'esprit bien méchant et l'ame bien flétrie, qui reproche à un magistrat sa clémence, lorsqu'elle découle d'une source si pure.

Quelles ne sont pas néanmoins les funestes conséquences de cette faculté de diminuer la durée des peines? L'homme égaré, susceptible encore d'être ramené a la vertu par le remord, est jeté dans les réceptacles du crime, et en sort totalement corrompu; le criminel en sort avec son penchant au mal, acéré encore par la contrainte et la privation; et comme les époques de la mise en liberté des uns et des autres sont très-rapprochées, on peut regarder ce système pénal comme le germe productif de l'immoralité, et les bagnes, comme la pépinière du crime, qui doit un jour en couvrir la France. Pour se dissimuler ces vérités terribles, il faudrait pouvoir douter que toutes les années, près de deux mille condamnés à la peine des fers sont rejetés dans la société. Or, ils ne peuvent y rentrer qu'avec un caractère dégradé et façonné au crime; car, l'homme supporte souvent toutes les humiliations sans perdre sa dignité; mais s'il a été une fois avili à ses yeux et à ceux de ses semblables, il ne peut

plus y remonter. Combien ensuite n'implique
t-il pas de donner aux juges une attribution
qui toutes les fois qu'ils l'exercent, les élève à
la puissance législative ; car la loi seule doit
déterminer le châtiment, sa forme et sa durée.
Enfin n'est-ce pas établir deux poids et deux
mesures dans l'action de la justice, puisque tel
coupable peut essuyer la peine entière de son
crime, lorsqu'à côté de lui, pour le même délit
et dans les mêmes circonstances, tel autre peut
obtenir un adoucissement qui croît à raison
de l'indulgence de son juge.

Telles étaient les conceptions dignes de
Becaria, *et des Montesquieu*, auxquelles je
m'essayais, lorsqu'écrasé sous leur poids, je
n'ai retrouvé dans mon cœur que le vœu fortement prononcé de les voir réaliser. Alors
nos armées victorieuses et rayonnantes de
gloire ne cesseront pas de présenter le spectacle
intéressant de l'union entre ceux qui les composent, de l'ordre dans toutes leurs parties et
de l'harmonie entre tous les corps : rien n'y
sera trop élevé pour faire oublier le gouvernement ; et on y trouvera cet heureux mélange
de pouvoirs et de modération, de responsabilité et de garantie, de justice et d'impartia-
lité, qui doit caractériser les institutions

militaires d'un peuple libre ; institutions sans lesquelles l'armée dégénérerait rapidement ; de même que sans elles, les rapports qui lient l'armée aux autres parties du corps politique, seraient bientôt détruits.

F I N.

T A B L E

D E S   M A T I E R E S

CONTENUES DANS CET OUVRAGE.

L I V R E   P R E M I E R.

De l'administration militaire et de ses différens systèmes.

L I V R E S E C O N D.

De l'application des différens systêmes administratifs au matériel de l'administration
militaire , ou des règles de la solde , des
traitemens et des fournitures militaires.

LIVRE TROISIEME.

De l'action administrative.

L I V R E   Q U A T R I E M E.

De la comptabilité du ministère de la guerre.

LIVRE CINQUIEME.

De l'administration militaire considérée dans
l'état de paix et dans ses rapports avec les
finances, le gouvernement et l'ordre judiciaire.

FIN DE LA TABLE DES MATIÈRES.